Analista,
ma non Troppo

FUNDAÇÃO EDITORA DA UNESP

Presidente do Conselho Curador
Antonio Manoel dos Santos Silva

Diretor Presidente
José Castilho Marques Neto

Assessor Editorial
Jézio Hernani Bomfim Gutierre

Conselho Editorial Acadêmico
Aguinaldo José Gonçalves
Álvaro Oscar Campana
Antonio Celso Wagner Zanin
Carlos Erivany Fantinati
Fausto Foresti
José Aluysio Reis de Andrade
Marco Aurélio Nogueira
Maria Sueli Parreira de Arruda
Roberto Kraenkel
Rosa Maria Feiteiro Cavalari

Editor Executivo
Tulio Y. Kawata

Editoras Assistentes
Maria Apparecida F. M. Bussolotti
Maria Dolores Prades

RICARDO MAXIMILIANO PELOSI

ANALISTA, *MA NON TROPPO*

A CLÍNICA ANALÍTICA PENSADA A PARTIR DA PRÁTICA

———

Copyright © 1997 Editora UNESP

Direitos da Publicação Reservados à:
Fundação Editora da UNESP (FEU)

Av. Rio Branco, 1210
01206-904 – São Paulo – SP
Tel./Fax: (011) 223-9560

Dados Internacionais de Catalogação, na Publicação (CIP)
(Câmara Brasileira do Livro, SP, Brasil)

Pelosi, Ricardo Maximiliano
  Analista, ma non troppo. A clínica analítica pensada a partir da prática / Ricardo Maximiliano Pelosi. – São Paulo: Fundação Editora da UNESP, 1997. – (Prismas)

  Bibliografia.
  ISBN 85-7139-156-4

  1. Psicanálise 2. Psicanálise – Estudos de casos 3. Psicoterapia
I. Título. II. Série.

97-3506

CDD-616.8917022
NLM-WM 460

Índices para catálogo sistemático:

1. Estudo de casos: Psicanálise: Medicina 616.89170722
2. Psicanálise: Estudo de casos: Medicina 616.89170722

EDITORA AFILIADA

EM RECONHECIMENTO A:

Cecilia, Frederico, Felipe, Fabricio, Vinicius e Cacau. Luiz, Ondina, Valéria, Ângela, Roberta, Paula, Gustavo, Diogo, André, Alexandre e Renato. Vô Piero, tio Mafaldo, tia Dora, tio Severo, tia Nídia, Maria Antonieta, Pedrinho, tia Dária, Januário, Lucinha, tio Livinho e Any. Vô João, tio Orlando, Ronaldo, tio Mário e Edson. Seu Avelino, Mococa, Genaro, Homero e Floriano. Pedro, Luiz , Henrique e Dario. Doroty, Maria Cândida e Rosedy. Padre Jarussi, Pedro, Silvio e Glauce. Peixe, Zé, Vadeco, Gegé, Victor, Ignês, Joaquim, Marco e Virgínia. Rosa, Nilva, Cândida e Pimpa. Jeca. Mara. Stella. Vartão e Béia. Olivia e Olimpia. Vasco, Richard, Judith, Marcus, Dudu, Dino, Nelson Poronga, Marli, Marinella, Branca, Tatau, Thomé, Carlão, Valdir, Jaime, Losasso, Fausto, Zé Otávio, Minoru, Jorginha, Giba, Mendes, Russo, Marcos, Duff, Renato, Wagner, Arthur, Cadmo, Mario, Osmar, Aldrighi, Riva, Ulisses, Hamilton, Edgard, Edmar, Ernesto, Evaristo, Eugélio, Macéa, Ivo, Serafim, Thadeu, Mané, Lena, Nazareth, Paulinho, Reinaldo, Arruk, Salim, Gabor, Aricó, Briga, Ruth, Rosa, Ivanice, Enid, Pistelli, Gadel, Kiko, Raduan, Sergião, Simona e Betinha. Nelson Pires, Guedes, Maffei, Cerruti, Giannoni, Rudelli, Enzo, Carlini, Décio e Paula e Silva. Pam. Dona Lírida, Dr. Faria, Carlos e Hilda, Antero, Nani e Paulo. Ines e Gito e Bruno. Aluizio, Fátima, Juliana e Natália. Cesar, Sandra, Roberta e Diogo. Toninho, Zé Bruno, Huasca e Aladel. Gusmão. Paulo e Ciça. Xará, Beth, Pedrinho e Sueli. Erasmo, Leme, Joaquim, Luiz Carlos, Bety, Renato, Dona Julia, Marisa, Rubens, Vera Maravilha, Claudio, Romaldini, Silvio, Yamashita, Maria Edith, Ninon, Luizão e Marie Claire. Joca. Celiane. Katty. João Carlos, Samir e Filipe. Maria Inez. Gi. Renatão e Cristina. Ângela. Waldemar, Bia, Any, Elsa, Marina, Cláudio, Lourdinha, Aninha, Marião, Ceneide, Paulo, Pedro, Walter, Mauro e Onildo. Nelson e Sonia. Blay, Miller, Munhoz, Kanner e Capisano. Silvia e Amina. Eva, Chipp e Bia. Neusa e Toninho. Ruth e Edilberto. Ana. Maria Olímpia e Vera. Michelle e Jacques. Dias e Tereza. Roberto. Isaura e Cesar. Antonieta, Rose, Renata e Bethy. Ana e Mario. Felipe, Horácio, Televisão, Carrinho, Élcio e Toninho.

Mais de três mil pacientes que por mim passaram, como endocrinologista ou psicoterapeuta.

Brasileiros em geral, paulistas em particular.

Europa em geral, Itália e Portugal em particular.

Fauna e flora, aos meus animais de quintal, aos campos e mares deste Brasil, em que varonil é mais rima que adjetivo.

Todos aqueles que omiti por impiedade ou inconsciência.

SUMÁRIO

Prefácio   *11*

1   O abre-alas   *13*

2   Os desmiolados   *17*
    Duros começos   *18*
    Sugestão bibliográfica   *19*

3   O negativo da foto   *21*
    O positivo da foto   *22*
    Sugestão bibliográfica   *24*

4   Fumantes e não-fumantes   *25*
    Eu me perdi!   *27*
    Sugestões bibliográficas   *28*

5   Os cristais   *29*
    O garimpo   *30*
    Sugestão bibliográfica   *31*

6   Interregno I: A arte e a loucura   *33*

7   O rebote   *39*
    A cobra pica quem não a vê   *40*
    Sugestão bibliográfica   *42*

8 Uma sessão para Ricardo   43
   As delatoras   44
   Sugestões bibliográficas   46

9 Cobras e tartarugas   47
   O gesto   47
   Sugestão bibliográfica   49

10 A ala do meio   51

11 O tapa   57
   A coronária   58
   Sugestão bibliográfica   60

12 Vestiu uma calça xadrez e saiu por aí...   61
   Hermafrodito   62
   Não existe geração espontânea   63
   Sugestão bibliográfica   63

13 O apocalipse   65
   Um encontro utópico e ucrônico   68
   Sugestão bibliográfica   70

14 Meu pai morreu   71
   O nojo   73
   Sugestão bibliográfica   75

15 Eva   77
   O segredo   79
   Sugestão bibliográfica   80

16 Interregno II: O inusitado   83

17 Jesus, alegria das mulheres   91
   Navegar é preciso!   92
   Sugestão bibliográfica   93

18 O entreposto   95
    O papagaio   96
    Sugestão bibliográfica   97

19 A flora   99
    O fruto   100
    Sugestão bibliográfica   102

20 O fecha-alas   103

Prefácio

Ricardo Maximiliano Pelosi adentra o mundo literário através de um texto voltado para os interessados em psicanálise. Interessados, mas não necessariamente iniciados.

Ricardo revela, na forma com que relata seus casos clínicos, além de sua formação médica e psicológica, sua profunda afinidade com as leituras humanísticas que estão na base de seu ouvir psicanalítico.

Nas águas de seu pensar, se para o autor esse é um livro estuário, para nós ele é um livro bandeirante naquilo que tem de corajoso, idealista, desbravador.

Ainda como um rio, *Analista, ma non troppo* nasce límpido e desde o primeiro olhar nos torna cativos. Seguimos fascinados seu curso por entre as sendas misteriosas da psique humana, observando-o abrir caminho na terra fértil da psicanálise, lançar sementes honestas de uma nova civilização, à espera de pensadores atentos à realidade e atualidade do terreno que os cerca e desaguar pujante e forte em "O fruto".

Faz-nos co-autores e coadjuvantes de sua obra.

Analista, ma non troppo tem o mérito de inovar na forma de apresentação, na liberdade e coragem do autor em se mostrar vivendo, trabalhando e incentivando a liberdade daqueles que farão uso do texto.

Em alguns remansos deste rio encontramos bons motivos para prosseguir a viagem. São histórias-verdades que lançam pontes para as regiões mais teóricas da obra e que a enriquecem de vida.

As sessões clínicas são escritas num estilo fluente e literário mas não por isto menos científico. Apresenta-nos uma sessão de psicoterapia analítica de grupo "como ela é" e não transformada por jargões psicológicos.

Os iniciados terão sua atenção despertada pela inovação que o autor se permite: não são as teorias e leis que compõem o corpo do texto mas sim os relatos das sessões e seus comentários. O que desperta a atenção dos iniciados é o mesmo que prende a dos interessados.

O autor, ao afastar-se de qualquer "troppo", possibilita o espaço da criação individual tanto a quem viveu com ele experiências analíticas ou não, como também a quem agora vive a experiência dessa leitura.

Um prefácio escrito a quatro mãos não é usual, mas pudemos criar em conjunto e harmonia porque falamos com liberdade de algo que nos tocou profundamente, *Analista, ma non troppo.*

Maria Valéria Pelosi H. Salles Lima
Neusa M. Ferreira Marques de Oliveira

1

O Abre Alas

Uma vez um amigo cirurgião, cético em relação à psicanálise perguntou-me o que eu fazia com meus pacientes, se eles melhoravam de seus problemas, e se melhoravam, por quê. Respondi que conversava com eles. O interrogatório prosseguiu. "E daí? O que uma conversa pode fazer para as pessoas que sofrem de... medo de escuro, por exemplo?" Percebi que teria que ser muito convincente para abrandar sua idiossincrasia. "Veja a palavra *conversar*, o prefixo *con* quer dizer junto de, e *versar* refere-se a fazer versos, ou seja, conversar é fazer versos junto com outra pessoa. Quem faz versos é um poeta, e os poetas põem palavras em sentimentos universais. Lemos uma poesia e, muitas vezes, pensamos que o autor bisbilhotou nossos sentires. Escreveríamos aquilo que ele versou. A análise é uma poesia feita a quatro mãos, ela pretende e, às vezes, consegue iluminar sentimentos obscuros, revelar aspectos ocultos que, em geral, são as bússolas de nossas ações e os algozes de nossos sofrimentos." Até hoje não sei se consegui demovê-lo de seu ceticismo, mas este diálogo ilustra aquilo que penso a respeito do trabalho nosso de cada dia. Somos fazedores de poesia, personagens atualizados de alheias histórias, coadjuvantes de um sonho a ser desvendado.

Na Grécia antiga viveu Asclépio, um sábio que desenvolveu avançados conhecimentos de Medicina. Em Epidauro, fundou uma escola médica, acompanhado de vários seguidores, e, entre eles, o mais notável foi Hipócrates. Em seus templos praticava-se a *nooterapia* (cura pela mente) e se postulava que a saúde total só seria atingida se houvesse *metanoia* (transformação dos sentimentos). Procurava-se a todo custo através do *gnothi s'auton* (conhecer a si mesmo) que o homem acordasse para sua identidade real. Estar enfermo seria uma forma de ignorar. Conhecer, a panacéia de todos os males. Foram os primeiros psicanalistas.

As análises, quer grupais, quer individuais, dão-se num local apartado da realidade dos sujeitos. O passado se reedita nas sessões, desrespeitando as fronteiras do tempo presente. Trata-se, portanto, de uma experiência utópica e ucrônica, tal como um sonho. E nós, analistas, participamos deste sonho como co-atores de múltiplos papéis. Ilustra este pensamento, um recado ditado à minha secretária por um paciente que se afastou de um grupo sem ter saldado os últimos dois meses de psicoterapia: "Meu querido doutor de cabeças, pai terapêutico dos adultos não crescidos, amante clínico das mulheres insatisfeitas, atencioso ouvinte dos que negam o óbvio e dos que almejam o impossível, amigo estimulante dos impotentes na vida e dos domquixotes sem moinho. Um dia ainda pagarei meu débito".

Aí está uma das razões deste livro. Deixar aos leitores esta fantástica experiência de ter tido o privilégio de co-sonhar a vida daqueles que por aqui passaram. É um tributo de gratidão a todos os meus pacientes, que me ensinaram mais sobre mim do que meus próprios analistas. Analisei-os, analisaram-me, analisamo-nos. Obrigado!

Os capítulos de *Analista, ma non troppo* são apresentados com um título – um ou mais fragmentos de sessões de grupanálise; um subtítulo – minhas reflexões concernentes ao material clínico; e, por último – sugestões bibliográficas. Estas destinam-se àqueles leitores que pretendam aprofundamentos teóricos, os quais, por reconhecida incapacidade e fé aos princípios ideológicos deste livro, não serão encontrados aqui.

No tempo em que rascunhava este prólogo, num fim de tarde, atendia a uma paciente que se havia declarado vazia naquele dia. Depois de longos minutos de silêncio, olha para minha estante e diz: "Não está faltando um volume daquela coleção?". Oca de conteúdos, seus olhos vão à cata de enciclopédicos conhecimentos. São os *livros fonte,* as bibliografias. Este é um *livro estuário,* resultado de todas as fontes que me formaram – médicas, psicanalíticas e humanas, daí a pertinência de seu epílogo – *O Fecha-Alas.*

Pretendi falar da experiência e daquilo que se pode extrair dela. Pretendi ser sincero e corajoso para mostrar não só os sucessos, mas também os fracassos e as limitações naturais deste analista. Pretendi não ser teórico, e com a linguagem mais coloquial possível, escrever para profissionais e leigos. O tempo e os leitores vão dizer se consegui ou não atingir estes pretensiosos objetivos.

Estou, indelevelmente, cunhado, marcado a fogo, por tudo que vivi como analista. Seja qual for o caminho que minha vida tomar, carregarei comigo, dentro deste peito camaleônico, as dores e os amores, os prazeres e os ódios daqueles que me procuraram.

Nada melhor do que deixar que outros falem por você. Nada melhor que este outro seja um dos artífices da sua experiência. Recentemente recebi um bilhete de uma ex-paciente que teve alta há muitos anos e que deixo aqui como fim-começo:

"Ricardo
Assisti à lenta destruição do seu ex-consultório da Jacques Felix. Cada dia que por lá passava, faltava uma parede. Algumas pilastras teimosas, sobreviviam como se quisessem mostrar aos passantes que os segredos por elas guardados, as tornaram indestrutíveis. Bobagem! Nenhum segredo resiste ao apelo do capitalismo. Que pena! Parei na esquina e vi risos voando (alguns nossos). Vi pequenas histórias de amor saindo às pressas. Vi choros chorando ao golpe de anônimas picaretas. Acho que fiquei um pouco triste!"

2

OS DESMIOLADOS

Primeira sessão de um grupo analítico. Todos os seus componentes já haviam feito análise comigo e agora, por diversas razões, passaram a fazer parte do grupo em que eu contaria com o auxílio de uma co-terapeuta. Estavam presentes inicialmente Lia, Iza, Carmem, eu e a co-terapeuta Elsa. Após as apresentações, contratamos horários, preço, férias e outras normas de funcionamento.

Iza começou falando de psicopedagogia, sua profissão. Carmem contou o caso do filho de sua caseira, em quem foi diagnosticada imaturidade neurológica, diagnóstico do qual ela discordava, pois a seu ver tratava-se de uma criança com problemas psicológicos e que não era estimulada pelos pais. Neste momento entrou Fabrício, com estrondo, quebrando o trinco da porta. Sentou-se, apresentou-se e em seguida mudou de lugar, indo para uma poltrona ao lado da de Elsa. Os outros continuavam conversando sobre problemas neurológicos. O clima era tenso e, vez por outra, verbalizavam sua ansiedade quanto à situação nova que estavam vivendo, perda das sessões individuais, receio de exposições etc.

Lia contou um sonho que havia tido na noite anterior. Sua filha deveria ser operada por hidrocefalia e ela insistia junto aos médicos que não era necessário, que com o tempo o problema seria sanado.

Ricardo – Como seria o eletroencefalograma deste grupo?

Iza – Certamente daria disritmia.

Ricardo – Somos um grupo imaturo e desamparado que pede cuidados e ajudas na conquista da maturidade.

Fabrício – Lembrei-me de uma experiência que vi numa reportagem de televisão, feita com macacos recém-nascidos, em que uns eram deixados com a mãe verdadeira, enquanto outros eram colocados com um protótipo.

Carmem – Estou curiosa em relação à Elsa.

Fabrício – Também queria saber mais, qual é o papel, o que faz a co-terapeuta? Será que substitui o Ricardo quando ele tira férias?

Todos riem. Elsa não responde.

Fabrício voltou à carga. Pediu mais participação, gostaria de ver uma expressão mais viva, senti-la, ouvir sua voz. "Qual é o seu signo, Elsa?" A atitude foi sedutora e desafiante.

Duros começos

Imaturidade neurológica, hidrocefalia e a disritmia, tão propriamente ilustrada pela intempestiva entrada de Fabrício, são as palavras que falam de forma veemente do impacto da perda das sessões individuais, que neste material clínico é tida como a mãe verdadeira, enquanto a grupanálise seria apenas um protótipo. Essa mesma interpretação pode ser dada à figura da co-terapeuta que desperta curiosidade, escárnio e sedução, por representar para esse grupo em início o indesejável terceiro vértice do triângulo original, do qual todos somos oriundos.

O sonho de Lia denotava, a meu ver, uma comovente e dolorosa metáfora da perda de exclusividade. Opor-se à neurocirurgia recomendada pelos "médicos" representaria sua resistência à minha indicação da grupoterapia, enquanto sua argumentação de que o tempo seria saneador parece um autoconsolo, uma forma de dizer: "o sofrimento já vai passar".

A entrada no grupo constituiu-se uma forte ameaça da perda da individualidade, reeditou em cada um a experiência da passagem do ser singular ao ser plural. O exibicionista discurso profissional de Iza, a curiosidade de Carmem, a sarcástica sedução de Fabrício denunciaram a angústia e as defesas ante os duros começos de um processo grupanalítico.

Sugestão bibliográfica

ANZIEU, D. *El grupo y el inconsciente*. Madrid: Biblioteca Nueva, 1986.

"El grupo, amenaza primária para el indivíduo."

"O ser humano não existe como sujeito se não tem o sentimento de sua unidade, unidade de seu corpo e de seu psiquismo. Psicólogos e psicanalistas têm demonstrado a importância da fase do espelho na constituição dessa unidade; a criança diante do espelho, joga com as imagens especulares, quando reconhece que são imagens e não pessoas reais, e que entre elas, uma é a sua própria, contempla fascinado essa imagem que lhe assegura sua unidade corporal e apóia a noção de seu ego em um fundamento visível. A partir daqui o ego se constitui como centro (imaginário e ideal) da pessoa, que recebe a catexis de seu amor..."

3

O Negativo da Foto

Lia — Ontem não pude vir à sessão pois, meu marido precisou do carro. À noite, quando me disse, fiquei chateada, mas pela manhã, quando acordei, achei ótimo, pois já não queria mais vir.

Iza — Na verdade você queria vir.

Ricardo — Como você sabe qual é a verdade?

Iza — Porque eu senti.

Ricardo — O sentimento é sinônimo de verdade?

Lia — Acho que a minha falta de vontade se devia à última sessão, que estava tão boa que nós nem conseguíamos ir embora. Fomos todos tomar cafezinho e ficamos mostrando fotos. Depois fiquei morrendo de vontade de convidar todos para irem em casa. Para verem como é minha filha, meu marido. Eu fui procurar fotos para trazer e encontrei algumas que tirei como modelo, mas eram fotografias muito produzidas, em outras, eu estava grávida. Nenhuma me agradou, não estou mais assim.

Ricardo — Prosseguimos no mesmo tema? Qual a verdade? A modelo? A grávida? Uma terceira ainda não revelada?

Fabrício — Não concordo. Acho que a Lia apenas queria um contato mais íntimo.

Isa — Talvez não sejam fotos ou fatos, mas quais os sentimentos que podem ser revelados.

Fabrício — Quando vi a foto do Caio (marido de Carmem), que parece o Jean Paul Belmondo melhorado, fiquei pensando se ele era tão bonito, ou se Carmem escolheu a melhor foto para pôr na carteira.

Iza — Eu só guardo as fotos em que estou bem. Rasgo todas em que estou feia.

Carmem — Eu nunca rasgo fotos.

Fabrício — Nem eu, a única que rasguei foi um nu meu, que tinha em casa, numa briga com Cristina.

Carmem — A foto do Caio que mostrei para vocês, na verdade nem era uma foto revelada, era apenas um negativo... acho que só vejo o lado negativo dele. Quando o Fabrício falou da briga que teve com Cristina, eu me lembrei de uma ocasião em que meus pais brigaram e cada um começou a quebrar as coisas de estimação do outro.

Ricardo — Penso que a tônica desta sessão repousa sobre a dificuldade da revelação da verdade, pela consciência de sua multiplicidade. As boas e as más fotos. O negativo e o positivo. O amor e o ódio. As ambivalências...

O positivo da foto

Este pretensioso subtítulo contém a idéia do propósito psicanalítico de revelar aquilo que está oculto, pôr luz no reino sombrio do inconsciente, oferecer àqueles que a ela se submetem, a possibilidade de conhecerem a si mesmos de forma mais ampla e profunda.

Neste resumo de sessão poderemos comentar alguns aspectos interessantes do funcionamento mental dos componentes do grupo, assim como algumas fantasias geradas pela condição grupal de sua análise.

No computadorizado mundo em que vivemos, é usual que as pessoas confiram valor ou veracidade apenas àquilo que é suscetível ao crivo lógico da razão, desprezando formas mais primitivas de percepção da realidade, como a empatia e a intuição.

No início da sessão vimos Iza afirmando que Lia teria desejado vir no dia anterior. Empaticamente ligada à companheira, sem prévias informações, contrariando o que a outra dissera, denunciava um sentimento que logo a seguir seria confirmado. Era como se Lia houvesse dito: "Não quis voltar porque de novo teria que partir". Meus questionamentos endereçados a Iza tinham o objetivo de discutir a forma empática de conhecimento do outro. Como pode ser observado, a minha "sugestão" não foi ouvida, provando mais uma vez que os reais condutores de uma análise são os analisandos e não o analista. Somos meros co-pilotos dessa fascinante e, às vezes, dolorosa viagem intrapsíquica.

"Fiquei morrendo de vontade de convidar todos para irem em casa." Em capítulo passado pudemos ver o grupo como uma ameaça à individualidade, obrigando seus componentes a se refugiarem em defesas regressivas. Aqui o que se observa é algo diferente, mas decorrente da mesma ameaça. Diante dela existe, agora, a idealização da relação grupal, uma projeção narcísica sobre a entidade grupo. Vivem o espaço onírico da análise como o melhor dos mundos, do qual não querem sair e que pretendem estender para suas realidades domésticas.

Fabrício não concordou! Com o que, afinal? Com a revelação da verdade? Com a constatação de componentes menos envaidecedores da psique? Com a percepção do ódio, do ciúme e da inveja inconscientes, que serpenteiam e inspiram a maior parte das relações humanas? Creio que sim. Minha crença se sustenta nas falas que seguiram a discordância de Fabrício: "a gente sempre escolhe a foto melhor para ser mostrada... só guardo as fotos em que estou bem, rasgo todas em que estou feia".

Ao encerrar meus comentários sobre essa sessão gostaria de chamar atenção para o momento em que Carmem, tristemente, disse que estava vendo apenas o lado negativo de seu esposo. Penso tratar-se de uma fugaz tomada de consciência, um esboço de reparação de um modelo maníaco e absoluto de viver seus vínculos. O bom absoluto não está separado do mau absoluto, pois constituem-se partes amalgamadas de um mesmo objeto.

Sugestão bibliográfica

ANZIEU, D. *El grupo y el inconsciente.* Madrid: Biblioteca Nueva, 1986.

"La ilusión grupal: un ego ideal común."

"Do ponto de vista dinâmico, a situação de grupo provoca uma ameaça de perda de identidade do ego. A presença de uma pluralidade de desconhecidos materializa os perigos de fracionamento. A ilusão grupal responde a um desejo de segurança e de preservação de unidade egóica ameaçada..."

4

FUMANTES E NÃO-FUMANTES

Estava ansioso. Há tempos não iniciava um grupo novo. Ainda acredito em grupanálise? Será que esse grupo foi criado para responder a uma necessidade dos pacientes? Não sei. Uma série de pensamentos desconfortáveis perturbavam minha cabeça momentos antes de iniciá-lo. Comecei três minutos atrasado. Chamei-os. Renato não se encontrava na sala de espera.

Maria sentou-se no seu local "original"; Yara foi para a poltrona que ocupou no nosso último encontro; Dario foi para o lugar que eu ocupava em suas sessões individuais.

Entrei e todos me olharam intensamente. Pouco depois, Yara entregou meu isqueiro que "por engano" havia levado consigo na última sessão.

Dario – Você disse que seriam quatro participantes.

Ouvi a porta do consultório sendo aberta.

Ricardo – Está chegando agora.

Renato entrou, deu uma olhada à procura de um lugar e, dirigiu-se para a mesinha que estava entre Dario e Yara, pegou o cinzeiro, indo sentar-se ao meu lado, onde também existia um cinzeiro. Aquele que ele apanhara era o que usava nas individuais.

Ricardo – Você vai ficar sem cinzeiro Yara.

Riram, Renato desculpou-se devolvendo o cinzeiro a ela, que estava fumando e tinha o olhar perplexo sobre Renato.

Dirigindo-se a Maria, Dario perguntou:

Dario – Você fuma?

Maria – Não

Dario – Então acho que devo sentar para lá, assim fazemos o grupo dos não-fumantes e dos fumantes.

Um silêncio prolongado e pesado tomou conta do grupo. Tornaram-se taciturnos.

Ricardo – O que sentem?

Dario – Cheguei aqui muito cedo e à medida que o tempo foi passando comecei a ficar com raiva do grupo, pois ninguém chegava. Às 8h18 saiu uma paciente do consultório e aí pensei que não iria acontecer nada mesmo antes das 8h20. Às 8h19 chegam elas duas e aí fico com mais raiva pois não iria suportar ser o único homem do grupo. Esses segundos em que o Ricardo disse que o quarto componente ia chegando foram os mais longos da minha vida. Senti um enorme alívio quando percebi que era outro homem.

Maria – Sabe que eu me perdi? Sempre venho a pé ao consultório e hoje resolvi fazer outro caminho e de repente percebi que não sabia onde estava.

Ricardo – Quanta ansiedade e expectativa naquilo que falam!

Dario – Eu estava esperando você passar pela sala de espera, falar um "oi, como vai?" ou um "já chamo", ou qualquer outra coisa.

Ricardo – Dario quer ver-me, Yara fica com meu isqueiro, Renato pega o cinzeiro que antes usava, Maria perde-se. Tentam agarrar-se a alguma coisa da individual. Procuram afinidades e diferenças – os fumantes e os não-fumantes, os pontuais e os atrasados, os homens e as mulheres...

Renato – Acho que todos gostaríamos de saber coisas uns dos outros, o que fazemos, como usamos nosso tempo...

Alguns concordaram, Dario disse que não.

Ricardo – Penso que tanto a formação desses clubes, o dos fumantes e o dos não-fumantes, dos homens e das mulheres, assim como o desejo de conhecer como cada um vive, são tentativas de minimizar a angústia da perda.

Dario – Mas o que está sendo perdido?

Ricardo – Todos perderam alguma coisa que, genericamente, podemos chamar de individual. Mas, o que seria "individual" para cada um?

Depois disso comentaram o silêncio de Maria, sobre dizer sem falar nada etc.

Eu me perdi!

J.-B. Pontalis, um loquaz e profundo psicanalista francês, escreveu entre outros, um belíssimo livro chamado *O amor dos começos*. Esse livro marcou-me indelevelmente pela singeleza e pessoalidade com que foi escrito. De forma brilhante esse autor valseia por temas importantes como os aprisionamentos e as libertações do processo psicanalítico, do amor e do sentimento de perda, as lembranças e os esquecimentos, os silêncios e as eloqüências que caracterizam as relações interpessoais.

Não pretendo discutir esse livro, estou citando-o porque ele apareceu, vivamente, na minha memória quando me dispus a escrever comentários sobre esse grupo iniciante. Minha lembrança parece apoiar-se na sensação que experimento ao reolhar o que vivi com eles. A entrada no grupo remeteu-os aos começos de suas existências. Prendem-se, inconsciente e desesperadamente, a algo de suas análises individuais, representante legítima do eu-tu não diferenciado de nossos primórdios. Atualizam na perda destas sessões suas separações primeiras.

Minha aflição e os questionamentos que pairavam sobre minha mente, nos minutos que antecediam o início do grupo, podem ser entendidos como um prefácio daquilo que iria ocorrer. Era como se eu fosse o culpado da perda que iriam sofrer. Eu os teria desalojado, precocemente, eram seres imaturos, despreparados para "socializarem" suas análises.

O grupo, como um fato novo, funcionou como um agente cataclismático, perturbador da ordem, antes estabelecida. As razões que os levaram a pertencer a este grupo, a optar pela mudança de instrumento analítico não foi poderosa o suficiente para atenuar o abalo. Perdem-se, procuram-se, subagrupam-se para tentar, defensivamente, restabelecer um equilíbrio que só poderá ser efetivo se as interpretações puderem iluminar, em cada um, a angústia atualizada de seus começos, revividos agora na transferência.

A interpretação psicanalítica tenta colocar palavras onde antes existiam atos. O isqueiro, o cinzeiro, os lugares na sala, os atrasos, os erros de trajeto são manifestações inconscientes da angústia de perda. Interpretá-la é pretender libertá-los do jugo desses conteúdos que pela sua condição inconsciente são determinantes de parte do existir dessas pessoas. Usei a palavra *pretende* porque nem sempre se consegue encontrar um sentido, porque muitas vezes deparamo-nos com o incognoscível, sempre existente em cada um de nós.

Sugestões bibliográficas

PONTALIS, J.-B. *O amor dos começos*. Rio de Janeiro: Globo, 1988.

"de que adianta ter nos convidado a soltar a língua, para sujeitá-la a uma outra que não é animada por mais nada a não ser pelo desejo, tão forte, de ditar sua fala: você não está dizendo o que pensa que está, você é o que eu digo."

BION, W. R. *Experiências com grupos*. Rio de Janeiro: Imago Editora, 1975.

"Dinâmica de Grupo. Características comuns a todos os grupos de suposição básica."

"em contraste com a função do grupo de trabalho, a atividade de suposição básica não faz sobre o indivíduo exigência de uma capacidade de cooperar, mas depende de possuir aquilo que chamo de valência – termo tomado de empréstimo da Física – para expressar a capacidade de combinação instantânea e involuntária de um indivíduo com outro para partilhar e atuar segundo uma suposição básica..."

5
Os Cristais

Maria – Sonhei que acontecia uma série de assassinatos em um quarto. Não eram assassinatos comuns, eram sofisticados, de forma a não deixarem provas. As pessoas mortas eram aquelas que descobriam a autoria dos crimes. Como eu via tudo, certamente seria uma das próximas. Sentia-me muito ameaçada.

Ricardo – Enquanto você contava o sonho, lembrei-me do final da sessão de ontem onde se atribuía às emoções a condição de estorvos, que deveriam ser eliminados. Lembrei-me também de um filme – *Fahrenheit*, em que pessoas eram perseguidas por um bombeiro, porque decoravam livros que eram, sistematicamente, queimados por este representante do governo, que pretendia eliminar a memória da humanidade. Creio que esses pensamentos falam de um impulso que pretende eliminar conhecimentos, emoções ... todos estorvos.

Maria – Se eu soltar minhas emoções, vou ficar chorando todo o tempo.

Terminou esta frase lacrimejando.

Dario – Ao ver Maria falar agora, assim emocionada, pensei que, aqui no grupo, ela chora por mim. As lágrimas dela são as que não consigo verter. Por outro lado, a Yara representa o meu lado caótico, que não entende nada. O Renato é o lado bonzinho.

Ricardo — O que resta?

Dario — Resta-me ser o que sempre sou por aí. O certo, o racional, o sarcástico... mas, lembrei-me agora de uma outra coisa. Há dois anos pedi a um despachante para patentear um nome no Instituto Nacional de Propriedade Industrial. Na semana passada, ele me procurou dizendo que a coisa ia sair e que eu teria que pagar duzentos mil cruzeiros. Não concordei, procurei o serviço diretamente, consegui fazer o registro e só me cobraram dez mil.

Ricardo — Talvez seja cômodo, mas custa caro se fazer representar.

O garimpo

Já se comparou o trabalho do psicanalista ao do arqueólogo, que a partir de pequenas pistas cava a terra para encontrar no subsolo objetos, ossadas, animais fossilizados, que o informam de vidas passadas. Nós analistas, partindo dos sonhos, dos atos falhos, da relação transferencial, tentamos entender e transmitir a nossos pacientes sua profunda arquitetura mental, soterrada sob espessas camadas de defesas pré-históricas.

Neste fragmento de sessão de grupanálise, que batizei de "Os cristais", penso que a função do analista se assemelha à do garimpeiro, que descobre e denuncia preciosas gemas. Esses rígidos diamantes são uma metáfora canhestra dos papéis inflexíveis que os indivíduos representam, às vezes, durante todas suas vidas.

Quem seriam os assassinos no sonho de Maria? Creio tratar-se de sua resistência à análise, aspectos de sua mente que rejeitam o conhecimento libertador, que tentam lhe impor um silêncio aprisionante. As pessoas mortas representam o que já se pode conhecer, o que fora desvendado e que os *assassinos* pretendem eliminar.

Lembrei-me de *Fahrenheit*... nas sombras da noite, algo deve ser incinerado! Nas penumbras do inconsciente devo tentar auxiliá-los a vencer sua estigmatizante repetição de papéis.

Daí para a frente, Dario fez o resto. Ele verbalizou o conhecido fenômeno de que nos pequenos grupamentos humanos, nas famílias, nos grupos terapêuticos, os indivíduos se articulam de maneira rígida, cada um tomando para si uma *persona* complementar ao outro, constituindo dessa forma, um arranjo simbiótico. Alguém chora por mim, o outro vive o meu caos, ele é o meu bem, que por ele eu tripudio.

Daí para frente, a psique faz o resto. A conscientização dos modelos estereotipados pelos quais estabelecemos nossos vínculos é passo decisivo em direção à libertação. Dario em sua associação final ilustrou de forma feliz o porvir de uma percepção. *É oneroso fazer-se representar, devo chorar minhas lágrimas, necessito rir meus prazeres.*

Sugestão bibliográfica

ZIMERMAN, D. E. *Fundamentos básicos das grupoterapias*. Porto Alegre: Artes Médicas, 1993.

"Fenômenos do campo grupal."

"Da mesma forma como ocorre num sistema familiar, institucional, ou social, também um grupo terapêutico comporta-se como uma estrutura na qual há uma distribuição complementária de papéis e posições. Podemos dizer que em cada papel se condensam as expectativas; necessidades e crenças irracionais de cada um e que compõem a fantasia básica inconsciente comum ao grupo todo."

6

INTERREGNO I: A ARTE E A LOUCURA

Este capítulo constitui-se num breve entreato para que os atores principais deste livro (meus pacientes) descansem um pouco e também para que eu tenha a oportunidade de colocar o que penso desses temas.

Em "O garimpo" comparei o trabalho dos analistas ao de um arqueólogo e ao de um garimpeiro, que reconstrói o passado soterrado, assim como descobre as gemas preciosas ocultas no leito rio-vida de seus pacientes. Tudo isso pode também ser entendido como a necessária e, às vezes, torturante busca dos sentidos. Nessa labutação cotidiana, a arte e a loucura são proposições constantes nem sempre distinguíveis.

Vamos ao *Aurélio*?

Arte – capacidade que tem o homem de pôr em prática uma idéia, valendo-se da faculdade de dominar a matéria; atividade que supõe a criação de sensações ou de estado de espírito de caráter estático carregados de vivência pessoal e profunda, podendo suscitar em outrem o desejo de prolongamento ou renovação.

Loucura – estado ou condição do louco; insanidade mental; falta de discernimento, irreflexão, absurdo, insensatez; imprudência, temeridade; tudo que foge às normas, que é fora do comum.

Uma vez, levei meus filhos ao cinema para vermos um lindo filme – *História sem fim* – acho que era esse o nome. Ao saírmos, vinham no banco traseiro do carro discutindo as aventuras. Um filho, que hoje faz Engenharia, explicava ao irmão, que hoje faz Música, quais cenas se referiam à realidade e quais falavam da fantasia. Ele as discernia; o irmão, não. Se para o técnico os limites desses dois campos são claros, para o artista essas fronteiras são muito imprecisas e no terreno dessa insensata imprecisão floresce a criação artística. Subvertendo um antigo adágio: "De artista e de louco, todo mundo tem um pouco. Quem tem muito, ou é gênio ou está internado."

Se a história não tem fim, tem começo. Minha filiação à arte e à loucura está nos meus primórdios. Sem destino e sem projeto, sem idéia pré-formada, para ver como é que fica, vou contar uma história, para enfeitar um pouco o livro!

Quando eu era pequeninho, traquinas eu era. Em visita a tia infértil, rubicunda, nos folguedos quebrei vaso chinês, precioso como o quê! Depois de sova bem tida, escutei detrás da porta do castigo as empregadas dizendo: "Este menino tem parte com o demo!" Mais ou menos perdoado, já perto do almoço, a tia de sorriso hipócrita me perguntou: "O que você vai ser quando crescer, Rico?" De pronto respondi: "Vou ser violineiro pra tocar pro demo". Foi assim que me contaram.

Já maior, fui aprender violino, com o Seu Avelino, mestre marceneiro da fábrica de meu pai. Mestre de duas artes – da música e dos móveis, cópia xerográfica de Lino Ventura. A época de jogar bola, de empinar papagaio, de rolar pião, de estecar bolinha de gude impôs ao violino seu desterro e ao Seu Avelino uma aposentadoria confortável em canto privilegiado de minha memória. Depois outras artes, a autodidática escultura, posteriormente influenciada e orientada por outro mestre amigo, Zoltan Vertes, que há dois anos partiu, deixando saudade. Mais tarde a Medicina e a

Psicanálise, artes arteiras, de mestres presentes e ausentes, que até hoje atraem e finalmente agora, com crachá e carteirinha, a arte matreira de escrever a vida, de registrar o sentido, de legar o pensado.

Sem artimanhas, já vou chegando na loucura que assusta e fascina, que entorta o liso, que aplaina o torcido, que põe cor no preto, que desdobra o branco, que empresta música ao mudo e que cala a boca do sábio. Ela também não é uma forma de arte? Uma arte de escape, que revela e que esconde o negativo do real e o positivo do fantasma?

Em um trecho do *Elogio à loucura* (1509) de Erasmo de Roterdam, encontramos a Loucura em monólogo:

> Não espereis que, de acordo com o costume de retóricos vulgares, eu vos dê a minha definição e muito menos a minha divisão. Com efeito, que é definir? É encerrar uma coisa nos seus justos limites. E que é dividir? É separar uma coisa em suas diversas partes. Ora, nem uma nem outra me convém. Como poderia limitar-me, quando meu poder se estende a todo gênero humano? E como poderia dividir-me quando tudo concorre, em geral, para sustentar a minha divindade? Além disso, porque haveria de me pintar como sombra e imagem numa definição quando estou diante de vossos olhos e me vedes em pessoa?... Não existe em mim simulação alguma, mostrando-me eu por fora o que sou no coração.

Retumbante esse texto de Erasmo, não? Poderia até parar por aqui, mas acho que devo dizer mais um pouco da teoria que degusto, temperada de literatura que gosto, tentando deixar um gosto gostoso nos olhos de quem me lê.

A área cultural do Nesme (Núcleo de Estudos de Saúde Mental), desde novembro de 1995, tem promovido encontros mensais onde um grupo de adultos, profissionais vindos de diferentes campos, discute obras literárias. Até agora já foram debatidos os seguintes livros: *Um copo de cólera* de Raduan Nassar, *Paixão simples* de Annie Ernaux, *O homem que se atrasava* de Louis Begley, *Contos reunidos* de Moacyr Scliar e *O barão nas árvores* de Ítalo Calvino. Ainda é cedo para que se faça uma avaliação destes encontros, mas têm sido prazerosos e enriquecedores para todos. Usar a obra literária como um veículo de expressão de si mesmo pode ser um atalho útil nessa eterna viagem aos nossos interiores.

Na raiz do ato criativo ocorre um processo mental peculiar que não encontra paralelo na razão lógica, um processo pelo qual as coisas e o eu são apreendidos conjuntamente através de uma espécie de experiência ou conhecimento que não possui expressão conceptual, aparecendo apenas na obra do artista, em última análise, uma concretização complexada de realidades objetivas e de subjetividades.

Se para o artista as tintas, a argila, o piano ou o papel em branco são ferramentas executoras; para o louco, seu corpo e sua mente são telas de projeção de um inconsciente publicado.

Freud chamou atenção para uma tendência articulante de nossa mente observadora. Notou também que as idéias provindas das camadas inferiores da mente, como nossas visões oníricas, tendem a ser inarticuladas. Poderíamos dizer então que o artista articula em sua obra seu inarticulado mundo interior enquanto o louco o faz em si mesmo.

Salomão, Cap. XV: "...sem a loucura, nada se acha de agradável na vida".

São Paulo, no Evangelho: "Aquele, dentre vós, que quiser parecer sábio, deve tornar-se louco, para poder fazer-se sábio".

Do rei dos reis e o apóstolo preferido, volto rápido ao mestre dileto.

Freud descreveu um estado místico, como sendo a experiência de uma sensação de ser-se um só com o universo. Chamou-o de sentimento oceânico, que seria uma regressão a um estado primitivo da consciência, em que o ego da criança não se encontra diferenciado do externo que a circunda.

A intensidade da percepção que a pessoa criativa tem dos aspectos relevantes do que a cerca é aparentada às pormenorizadas percepções do esquizóide e do infantil. Este estado, fugaz no homem comum, mais duradouro no sujeito criativo e perene no ensandecido, pode ser conceituado como o solo fértil das artes, em que a mente se encontra atenta e receptiva aos seus conteúdos mais profundos e ao mesmo tempo, produtiva e atuante na transformação dos materiais escolhidos — fragmentos maleáveis do mundo externo que podem ser modelados pelo artista. É na luta com este material que a mente consciente disciplina as forças caóticas das profundezas criadoras. Todo este processo, em geral, envolve desgaste e um certo sofrimento.

Charolin: "Aquele que não sente as dificuldades da sua arte, nada faz que importe".

O psiquismo inconsciente, pelo próprio fato de não estar aferrado à distinção entre o eu e o outro, entre o observador e o observado, pode efetuar coisas que o psiquismo consciente e lógico não pode fazer. Por ser mais sensível às semelhanças que às diferenças das coisas, traz de volta o sonho para o dia e a paixão ao existir.

Duas caras lembranças clínicas poderão ilustrar esses conceitos próprios e alheios.

Uma das altas mais convictas que dei até hoje foi a de Diana. Fez grupanálise comigo por oito anos. Tratava-se de uma pessoa *border line*. Um pé na psicose outro na saúde, seu trânsito entre esses dois mundos era franco e no começo estacionava mais no primeiro. Ao final, e até hoje, o segundo prepondera. Pois bem, por que a lembrança? Perdi a conta das vezes em que, em sessões de seu grupo, ficava à espera de uma intervenção sua, pois, em momentos particularmente difíceis, em que não conseguia identificar a angústia reinante da sessão, sua fala era um guia eficaz. Sua condição lhe permitia ir mais longe, ou melhor, mais fundo que a minha "normalidade" me facultava. Obrigado, Diana!

Alina já estava no final de sua análise comigo quando em uma sessão disse: "Sabe Ricardo, durante esses anos todos eu tenho sentido que eu e você vamos pintando uma imensa tela que fica sustentada no ar e, incrivelmente, as tintas não caem, ficam lá. Estamos próximos à conclusão do quadro". Obrigado, Alina!

7

O REBOTE

Havia um mês que Edson freqüentava as sessões desse grupo. Moço cativante, teve uma rápida aceitação por seus companheiros de grupanálise. Num dia chuvoso, no final de fevereiro, ele começou a sessão dizendo:

— Sabe, tenho estado muito incomodado por ainda não ter dito a vocês que sou homossexual.

Dario, inconformado, desabafou:

— Eu sabia que havia algo de estranho em você! Não tenho nada contra sua opção sexual, o que não me conformo é você tratar pessoas com problemas emocionais, sendo mais perturbado que elas! Eu acho que o Ricardo deveria proibi-lo de exercer psicanálise!

A revelação de Edson mobilizou muita angústia nos demais pacientes ainda por algumas sessões. Depois de um tempo, sem que eu soubesse por que, deixaram de mencionar o fato e a relação entre eles volta à sua antiga dinâmica. Parecia um pacto silencioso, estavam emudecidos ante a um conflito que não encontrara um continente suficientemente amadurecido para sua elaboração.

Passaram-se três meses e Edson começou a faltar seguidamente. Notei, quando comparecia, um emagrecimento progressivo e acentuado. Nenhuma palavra, dele ou do grupo.

Era época de férias, parti preocupado. No meu retorno recebi um recado para ligar a sua casa. No telefonema me pediu um atendimento individual, no qual minhas suspeitas se confirmam. Estava com AIDS! Naquela fria noite de final de julho, acordei de madrugada com o pijama encharcado de suor.

No dia seguinte, o grupo se reuniu pela primeira vez após as férias e eu comuniquei a todos o afastamento de Edson e o motivo.

Maria foi a única que retornou à sessão que sucedeu a trágica revelação. Emocionada relatou o que se passara consigo, no dia anterior:

— Ontem eu passei quase todo o dia com uma estranha falta de ar. Nunca antes havia sentido nada igual. No final da tarde, depois do trabalho, quando estava sozinha, comecei a chorar pensando na doença de Edson. A falta de ar passou. Nunca pensei que pudesse me ligar tanto a uma pessoa, em tão pouco tempo.

Naquela noite, inoportunas cólicas intestinais impediram-me de comparecer a um jantar muito esperado.

Todos os ausentes retornaram na sessão seguinte e cada um deles justificou sua falta em função de diferentes mal-estares.

A cobra pica quem não a vê

Vocês sabem andar no mato? Não? Então vou ensiná-los. Primeiro comprem uma bota de couro forte, com cano até o joelho, depois arranjem um bastão com mais ou menos um metro e meio de comprimento. Sabem para quê? Para prevenirem-se contra animais peçonhentos ... mas não basta essa holywoodiana indumentária, é preciso, para realmente se protegerem, treinar os olhos. As cobras se confundem com o meio, mimetizam galhos, folhas etc. Quando vocês as vêem, podem correr com suas longas botas, podem matá-la com o bastão ou podem simplesmente não fazer nada, porque certamente ela está interessada em outras presas, não em vocês.

Estou usando esta ofídica metáfora para ilustrar o que penso desse material clínico. Somos habitados por sentimentos, conflitos e traumas que residem nos labirintos de nosso inconsciente. O fato de não os conhecermos não os torna inativos. Além de nossa vontade, todo esse enorme contingente de conteúdos é determinante de nossas condutas, ligações, sucessos e fracassos. Somos vítimas inocentes de nós mesmos. Pois bem, a psicanálise parte do princípio de que a denúncia basta. Em outras palavras, que a interpretação adequada é mutagênica. Perde-se a condição de vítima no momento em que se pode ver aquilo que nos acomete.

O homossexualismo de Edson foi flecha certeira nas mais recônditas cidadelas de cada um dos membros do grupo. A angústia suscitada demonstra, claramente, o alarme a indicar perigo. Dario me pede: – "elimine daqui esta ameaça"; ou, em outra versão: "deixe mudo nele aquilo que é meu e me ameaça". Como não o faço, como me calo, engendram um armistício. Um pacto inconsciente em que tentam preservar a condição de Edson de fiel depositário do que não estão preparados para ver e que a análise ainda não tinha maturidade para oferecer. Neste contexto, Edson tornou-se continente de inominadas identificações projetivas emanadas de todos os componentes do grupo, incluindo a minha pessoa.

Maria demonstra de forma clara que a consciência é o antídoto contra os deslocamentos emocionais. Quando se dá conta da ligação entre seus sintomas com a notícia da doença de Edson, sua somatização cessa. Que ligação seria esta? Seus conflitos inconscientes, enjaulados no colega de grupo, libertam-se e mordem seus pulmões! Os demais pacientes também foram acometidos pelo holocausto da verdade. Todos nós, inclusive eu, fomos vitimados pelo rebote! Reproduzi aidéticos sintomas em noites insones!

Aquilo que denominei de imaturidade do grupo para conter, assimilar, em suma, perlaborar os conteúdos erigidos pela revelação de Edson, em jargão psicanalítico pode significar a vigência da posição esquizo-paranóide no momento grupal, inviabilizando minha compreensão e uma possível interpretação mutativa. Não estive eximido, também projetei sobre ele, intocados conflitos de minha psique! A doença e o êxodo de Edson propiciaram o rebote! A cobra que teimamos não ver havia nos picado afinal!

Sugestão bibliográfica

KÄES, R. *El aparato psiquico grupal*. Barcelona: Psicoteca Mayor, 1977.

"Bosquejos para una teoria psicanalítica del grupo: el aparato grupal."

"A manutenção permanente no exterior do grupo de um papel instancial ou de um objeto não tolerável dentro do aparelho psíquico grupal é particularmente problemático, já que significa a permanência de uma base psicótica ... perdura a ilusão de isomorfismo, obstaculizam o exercício da função alfa e mantém a posição ideológica em sua base esquizo-paranóide."

8

Uma Sessão para Ricardo

Franco – Quando vinha chegando vi você na esquina e depois entrando no consultório. Pensei que tinha vindo me chamar. Subi correndo e a sala estava vazia. Desci meio frustrado para a sala de espera.

Ricardo – Enquanto você contava, a imagem de ovelhas desgarradas apareceu em minha cabeça. O que de desgarrado seu quer ser reconduzido para o rebanho?

Irene – Você falou em desgarrar e aí eu percebi que estava fugindo. Fiquei absorta olhando a blusa de Sílvia... o desenho, como era feita...

Sílvia puxa a blusa para baixo, expondo o desenho e faz uma expressão que imagino dizer "justo comigo!".

Ricardo – O que sentiu com o que Irene falou, Sílvia?

Sílvia – Nada, apenas mostrei a blusa.

Franco – Quando a Irene falou, notei que a Laura fechou o casaco.

Irene – Olha aí as minhas fantasias. Quando o Ricardo olhou para a Laura agora pouco, eu senti que era um olhar risonho e aí pensei que ele estava apaixonado por ela e não ela por ele. Não posso acreditar nisto senão acabo morrendo de ciúme e fico louca.

Ricardo – Acreditar que uma fantasia seja sinônimo do real é uma forma de loucura, mas desprezá-la é um grande desperdício. Pode ser um material valioso para refletirmos.

Irene e Franco têm o olhar atento e estão envolvidos com a sessão, enquanto Sílvia e Laura tinham olhos e mentes dispersos.

Ricardo – Quando falei em trazer o desgarrado para o rebanho, havia pensado em dizer para o seio do grupo. É interessante que Irene se entretem olhando a blusa-seio de Sílvia e Franco ter notado Laura escondendo os seios.

Permanecem em silêncio por alguns minutos.

Ricardo – O que estão sentindo?

Franco e Irene dizem-se participantes, enquanto Sílvia e Laura comentam que estão achando tudo aquilo abstrato e intelectual demais.

Daí para frente enveredo por uma série de digressões sobre procura do seio farto e supridor, frustração com a sala-seio vazio, terapia individual *versus* terapia grupal, o subgrupo unindo-se para provar a impropriedade da análise etc. Durante toda a sessão eu me encontrava muito animado com os aspectos teóricos que emergiam. Porém, à medida que o tempo ia passando, a antiga comodidade ia sendo substituída por desconforto. Percebia que estava tentando provar às incrédulas a precisão do meu discurso.

No final, em espontânea autocrítica, digo: "É, tem sessões que são só para o terapeuta. Acabou nosso tempo".

Sílvia – Já que você reconhece, não esqueça de descontar esta na hora do pagamento!

As delatoras

Um dilema... duas alas! O dilema da eterna busca da verdade, que nesta sessão parece ter-se ocultado entre as facções "oponentes". Franco e Irene aliam-se ao meu "teórico" discurso para se defenderem das mudas angústias desta sessão? Ou eram os que se beneficiavam de interpretações "iluminadas"? Sílvia e Laura com seu desprezo eram as denunciadoras de que a sessão transcorria sobre uma aliança de resistências ao processo analítico, e que tinha na figura do psicoterapeuta seu principal articulador? Ou seriam caladas coadjuvantes de mentes ausentes e gestos reveladores da trama essencial da sessão – a experiência de estar vivendo desgarrado e o desejo de ser reconduzido, de redegustar o prazer de estar fundido, completado com e no outro?

Cada leitor terá, certamente, um juízo ou novas questões sobre o material apresentado.

A minha tendência é acreditar na hipótese de que Sílvia e Laura revelam aquilo que suspeitei no final da sessão – ela tinha sido boa para mim. Poluído por teorias freudianas, kleineanas, grupanaliticanas, fui "construindo" sobre as "ofertas" de Franco e depois dos demais uma sessão que seria excelente para ilustrar aulas ou fazer palestras sobre dogmas psicanalíticos. Esta minha crença ancora-se na sensação que experimentava enquanto proferia meu extenso discurso. "Finalmente uma sessão que estou 'entendendo'; que alívio poder ter canonizados preceitos que sustentam minhas interpretações; os pacientes estão, a cada passo, a cada gesto, a cada fala, 'aplaudindo' seu vaidoso interpretante."

Uma vez, uma paciente que havia permanecido em silêncio por longo tempo me disse que naqueles minutos tinha a mente parada no medo. Era como se repetisse inúmeras vezes: "estou com medo, estou com medo..." Pensava em me dizer o que se passava, mas em seguida entendia que falar era uma busca de alívio e portanto um recuo acovardado ante as emoções que vivia silenciosamente. Muitas vezes as palavras não são símbolos ilustradores de nossas mais profundas emoções, mas potentes anestésicos de dores ignóbeis.

Minhas "interpretações" podem ter estado a este serviço nesta sessão. Sombreei com iluminadas teorias o brilho angustiante de um encontro grupanalítico.

Esses comentários não estão aqui para notabilizar um libelo autocrítico, trata-se de um alerta, um farol sobre traiçoeiros arrecifes que podem fazer sucumbir o esforço daqueles que procuram uma análise para justamente poder emergir de seus abissais conflitos interiores.

Sugestões bibliográficas

ANZIEU, D. *El grupo y el inconsciente*. Madrid: Biblioteca Nueva, 1986.

"La resistência paradojica: una autodestrucción del grupo."

"tanto a história da psicanálise em geral, como a de uma cura em particular, é a história das resistências que o aparelho psíquico opõe à investigação de seu próprio funcionamento, quando este se enfrenta com a busca do prazer proibido, com a necessidade de evitar a angústia e com a formação do sintoma ou com os traços de caráter."

ZIMERMAN, D. E. *Fundamentos básicos das grupoterapias*. Porto Alegre: Artes Médicas, 1993.

"Contra-resistência."

" comumente as resistências do grupoterapeuta se manifestam nos seguintes modos: interpretações intelectualizadas, embora belas e fascinantes... no entanto, fora de dúvida, o aspecto contra-resistencial mais importante é o que diz respeito à formação de conluios inconscientes entre o grupoterapeuta com uma parte ou com a totalidade grupal..."

9
COBRAS E TARTARUGAS

Em um grupo onde se falava das dificuldades do encontro em função da mudança de horário da sessão, Irene tomou a palavra e seguiu fazendo um discurso que não cheguei a acompanhar. Fixei-me nos movimentos que fazia com as mãos elevando e abaixando os dedos que estavam suspensos próximos a seu rosto. Concomitantemente sua cabeça dava pequenas voltas como um pêndulo oscilatório. Interrompi apontando seus movimentos e ela logo associou: "Penso naquela cobra encantada..." Fábio disse: "Naja".

"Isto, elas ficam dançando embaladas pelo cheiro do rato que os marroquinos põem na..."

Saio em seu socorro: "Flauta".

Seus lapsos afirmavam e seus gestos confirmavam o que depois poderia ser verbalizado. Um lascivo desejo sexual serpenteava a relação do grupo pela entrada de um novo componente, rapaz atraente, que na sessão anterior havia sido comparado, pela sua ríspida timidez, com uma tartaruga: sob sua casca grossa haveria coisas tenras e saborosas.

O gesto

Minha experiência como psicoterapeuta tem me mostrado que os gestos, os movimentos corporais e a expressão facial são bússolas de inestimável valor para o entendimento da psicodinâmica da sessão. Muitas vezes acompanham e decoram a comunicação do sujeito, outras aparecem desconectadas do discurso. Neste caso, sempre sigo o atalho da expressão não-verbal. Trata-se de uma versão muda de um reprimido que pede passagem, que quer o acolhimento e a compreensão da interpretação psicanalítica.

Drummond de Andrade, em seu livro *O avesso das coisas*, diz: "Prisioneira do corpo, a alma vive em guerra com o carcereiro". Ouvindo, e às vezes mais vendo, é que o psicoterapeuta pode libertar os segredos desta alma aprisionada. Freud: "Aqueles que têm olhos para ver e ouvidos para ouvir, podem chegar a convencer-se de que nenhum mortal pode guardar um segredo. Embora seus lábios estejam silenciosos, ele fala com a ponta dos dedos. A traição mina de cada um de seus poros".

Irene, neste trecho, falou dos problemas práticos referentes ao horário alterado das sessões e paralelamente, gesticulava a trama não dita da sedução do novo companheiro de grupo.

Minha interpelação foi o início da denúncia de uma angústia, até então fora do domínio da consciência. Os gestos de Irene seriam, portanto, uma dramatização da cena verdadeira que se encontrava oculta pelas palavras, um meio deformado da expressão de profundos anseios inconscientes. A partir da compreensão que se alcançou com sua interpretação chegamos a algo que poderia constar como o verdadeiro fim da análise: trazer a experiência dos desejos reprimidos para o nível simbólico de funcionamento da mente, introduzi-los no domínio da linguagem.

Acordada para seus gestos, Irene produziu a associação do encantador de serpentes. A fala era lacunar e as reticências das frases foram completadas por Fábio e por mim. Penso que estes lapsos testavam o grau de inconsciência dos desejos suscitados — sem palavras, sem consciência, a via de expressão foi gestual.

Na linguagem do gesto, os sujeitos estão inteiros na experiência presente, encontram-se como najas, fascinados pelo momento emocional, sem as defesas intelectuais, desprotegidos dos rígidos cascos de seus neuróticos quelônios, suscetíveis portanto à mutagênica interpretação analítica.

Sugestão bibliográfica

DAVIS, F. *A comunicação não-verbal*. São Paulo: Summus Editorial, 1979.

"O homem não nasceu sabendo falar. Sua primeira experiência e seus primeiros contatos com o mundo que o cerca são estritamente não-verbais. Ele aprende olhando, tocando, sendo carregado, a primeira e talvez a mais importante lição de sua vida..."

10

A ALA DO MEIO

Politiama! Isto mesmo, Politiama era o nome daquele cinema das férias da infância. Tio Mafaldo era gerente do outro, mais moderno, sem o "it" do antigo. Tinha galeria, grande saguão de entrada, cadeiras de pau, colunas retorcidas que atrapalhavam a visão e intervalo no meio do filme. Para trocar o rolo, pra fumar lá fora, pra ir ao banheiro, pra arrumar namorada nova, pra combinar laranjada-cerveja-churrasquinho no bar da praça, pra contar vantagem, pra dormir em paz.

Como no Politiama, interrompi a película para dar-tomar fôlego, para ter espaço para dizer o que penso, de vida e amor, de morte e paixão.

Num feriado de novembro, quando o mormaço carbônico de verão que se iniciaria e já expulsava a brisa oxigênica da primavera que se ia, Bianca me contou. Havia lido, num livro velho, de curiosidades naturais, que lá nos Estados Unidos, em alguma região do oeste, existe uma espécie de inseto chamado gafanhoto dos 17 anos. Eles ficam sob a terra, por todo este tempo, maturando-se. Um relógio biológico, incompreensível, desperta-os ao mesmo tempo e, já como larvas, iniciam luta hercúlea. Primeiro, devem vencer a camada de terra que os recobre. Depois, encontrar um tronco, um arbusto para subir e grudar. Lá, pouco a pouco, vão secando e se desprendendo de suas crisálidas e, então, as asas libertam-se. Livres, voam a dança do amor, gerando novos ovos que reiniciam o ciclo. Nesta grande batalha, muitos morrem, derrubados pelo homem e outros predadores. Os sobreviventes renovam a espécie.

Como membros da mãe-madrasta natureza, nós, humanos, somos também sobreviventes deste inevitável ciclo vida-morte. Como gafanhotos teimosos, teimamos viver-morrer. Sentimentos que hibernam, renascem, quando ambientes interno-externo são favoráveis. Fenecem, quando "predadores" tornam o meio inóspito para sua sobrevivência, não sem antes deixar sementes que brotarão ou não. Amor e ódio, cavalgando suas setas agudas ou circunflexas, promovem o fantástico determinismo natural do devastamento e da frutificação.

Célere e determinado, corria como um louco para aquele encontro. Ela, mais lenta, deixava-se levar pela gravidade, mal disfarçando sua inquietude e apreensão pela longa espera. Próximo à casa dela, afinal encontram-se. Inicialmente titubeantes, aproximam-se, resvalam-se. Depois, pouco a pouco, ficam afoitos, agitam-se, dançam uma dança apaixonada, interpenetram-se, entrelaçam-se, fundem-se. Logo, uma paz indecisa substitui o frenesi dos insanos amantes. Deles, nem sinal. Apenas algo maior, mais calmo, o produto daquele intenso amor: *um ovo.*

Ovo ou célula primordial é o resultado da fecundação de um óvulo por um espermatozóide, como descrevi anteriormente. É a célula fundante de qualquer ser humano e possui em seu núcleo, salvo aberrantes exceções, 46 cromossomos, que ao longo de nove meses sofrerão sucessivas duplicações, originando então um, quase sempre esperado, bebê. Quanta vida neste núcleo primeiro! Porém, é curioso notar que esta mesma célula alberga no seu citoplasma algumas organelas, espécie de saquinhos que contêm substâncias chamadas enzimas proteolíticas. Tais enzimas, como seu nome indica, têm a propriedade de destruir proteínas. Se por qualquer razão patológica estes saquinhos se romperem, as enzimas derramadas no líquido citoplasmático, matarão a célula que as hospedava. E, estas organelas existirão em todas as herdeiras do ovo.

Desde nossa fecundação, carregamos dentro de nós vida e morte. Eros e Tánatos desde os começos. A dádiva da concepção traz no pacote a possibilidade do existir e do fenecer. Sobre esta herança biopsicológica se sobreporão os adquiridos bio-sociopsicológicos. Com este complexo constitucional, percorreremos todos os passos de nossa existência; assim determinados e dinamicamente influenciados, enfrentaremos nossos conflitos e confeccionaremos nossas representações.

O momento do nascimento de cada um de nós é o marco de um início e de um fim, a primeira de uma série de perdas, doloridas e necessárias. Uma perda da qual jamais nos conformaremos e que será, por toda a vida, a impulsionadora de nossas filiações e vínculos. Cada amor, cada ideologia eleita, cada escolha é uma tentativa, inconsciente, de resgate de nossa relação primeira. Este fim-começo inaugura uma jornada que, independentemente do trajeto, terá como música de fundo o estridor da luta entre Eros e Tánatos, da qual todos sabemos o vencedor.

Já estava no segundo *chopp* quando Bianca chegou esbaforida.

— Ricardo, aconteceu de novo. Estou amando outra vez!

— Não Bianca, você não está amando, você está apaixonada.

— Ih! Isto cheira papo de analista. É tudo a mesma coisa, farinhas do mesmo saco.

— Parece, mas não é. São joio e trigo. Difícil de misturar: de um você faz pão, o outro intoxica.

Minha amiga Bianca, de face angelical e conduta demoníaca, é uma impulsiva incorrigível. *Dark* prematura na juventude, revoltada defensora dos injustiçados, amante dos poetas malditos, intelectual prodigiosa, feminista de primeira leva. Sexualmente indecisa, ora vive paixões por homens, ora por mulheres. Nunca amou e talvez jamais consiga conquistar esta capacidade. Sua arquitetura psicológica, de frágeis fundações, cimentadas nas lágrimas da rejeição, não permitiu a aquisição de uma identidade sólida. Ela é suas paixões, seus ideais, suas causas, que, pela existência fugaz, precisam ser rapidamente substituídas, para que não viva surtos de autodestrutividade.

O sentimento da paixão possui uma série de peculiaridades que o distinguem do amor. É espontâneo, explosivo, "químico", o outro não, é uma entidade separada do apaixonado, é um mero "cabide" onde pendura suas fantasias, uma tela de projeções narcísicas. A paixão é marginal, não institucional. Ela não traz projetos, ela vive o aqui e agora de forma infinita e, por outro lado, enquanto dure, tem sabor de *fim*, seu inconfundível tempero. É regida pelo princípio do prazer, a realidade está borrada para os amantes. Está muito próxima da ação, da pulsão; o pensamento tem pouco espaço na alma do apaixonado. O terreno das paixões é o da insatisfação existencial, das identidades perdidas, do desejo de resgate, da necessidade de mudanças. Por isto na pós-adolescência, por isto na maturidade depois das lutas de estabelecimento. A paixão é um sentimento passaporte, um salvo-conduto que transporta os envolvidos de um estado a outro. O ex-apaixonado olha com estranheza a si mesmo no passado, ele está diferente.

O amor é o avesso de tudo isto. Não é natural, é uma conquista. O outro é um indivíduo distinto e independente e cujas diferenças são fundamentais para a evolução do sentimento. No amor há construção, adiamento, futuro. Não só está inserido dentro da realidade, como é transformador dela. O tempo do amor é o tempo do possível, o tempo da vida.

Existe um trajeto praticável entre a paixão e o amor. Um trajeto acidentado, que alguns nunca cumprem e que outros o fazem parcialmente. O tom e o sabor de excludência sempre invadem forte quem lê e quem escreve sobre estas duas formas de funcionamento mental e traz um sabor amargo a quem as vive. Quem ama estaria empobrecido de sonhos, quem se apaixona careceria de realidades. Como dissemos, alguns humanos jamais cumprem o trajeto entre a paixão e o amor, só se apaixonam. Outros ficam a meio caminho, e podem experimentar ambos os sentimentos em diferentes fases e ao longo da vida. Pobres daqueles que, heroicamente, tenham feito toda a viagem!

11

O TAPA

Durante o silêncio inicial do grupo pensei numa frase que Elsa, a co-terapeuta, havia me dito no final da última sessão: "Acho que deveríamos interromper silêncios muito prolongados".

Ricardo – Por que estão silenciosas? Quando fui chamá-las na sala de espera estavam tão falantes!

Marta – Acho que é a minha censura. Lá embaixo falava para a Ivone que ocupo muito espaço nas sessões.

Enquanto ela fala, eu fico pensando no espaço do silêncio, das palavras, dos gestos.

Ricardo – No grupo temos liberdade para falar, para ouvir, para observar... mas nem sempre esta liberdade parece ser algo desejado ou suficiente.

Ivone – Desde criança eu tenho um grande prazer em bater, em dar tapas. Queria fazer judô e minha mãe me colocou no ballet. Também sinto impulsos de dar fortes abraços quando cumprimento as pessoas, e não aquela mãozinha formal como faço.

Ricardo – Parece que a palavra não basta, deveria existir um espaço para bater e ser batido, abraçar e ser abraçado.

Ivone – É isto mesmo, hoje lá na empresa em que trabalho, fiquei um monte de tempo dando soquinhos no ombro de um colega, era uma brincadeira, mas por dentro queria que ele reagisse com um murro.

Marta – No começo da sessão eu estava com muita raiva de você. Você superior a mim. Você e a Elsa são sadios e nós somos doentes. Vocês sabem o que temos que fazer para sermos felizes e ficam aí sem dizer nada.

Neste momento Ivone levantou-se e caminhou em minha direção, meu coração bateu forte e rápido, devo ter empalidecido. Tive medo que ela me desse um tapa. Reclinou-se, pegou um cigarro sobre a mesinha ao lado da minha poltrona e voltou para seu lugar.

A coronária

Os silêncios nos grupos podem ser entendidos de várias maneiras, entre elas, como um espaço de condensação de emoções conscientes e inconscientes, que se puderem ser exploradas tornam-se fonte de valiosas informações para a análise.

O que seria censurável? O falar muito, impedindo que os demais participem verbalmente das sessões? Ou o que isto representa? Um desejo voraz de estar "do lado de lá"? Creio que as respostas a estas questões habitavam o silêncio que interrompi, talvez precocemente, influenciado pela sugestão da co-terapeuta.

Qual o destino desta sessão se eu não estivesse "contaminado"? Que outros materiais poderiam ter surgido se houvesse esperado? São perguntas sem respostas, mas ressaltar a importância dos clássicos postulados do aqui- agora, sem memória e sem desejo se faz necessário. Tenho sempre o cuidado de ter um intervalo de mais ou menos dez minutos entre uma sessão e outra. Procuro durante o meu dia de trabalho evitar contato com problemas particulares, com fatos que me mobilizem intensamente etc. É o ônus da função, são "cuidados purificadores" que vão permitir ao profissional observar e decodificar o estado psicodinâmico nascente de cada encontro.

"No grupo temos a liberdade para..." parece que franqueou o aparecimento atropelado do conteúdo emocional inconsciente. O murro-abraço, figura ilustrativa do desejo de atuações físicas e o ciúme-inveja da dupla de psicoterapeutas, tidos nesta sessão como sonegadores de desejadas curas.

As psicoterapias de base analítica se fundam sobre duas regras: a livre associação, que consiste em um falar tudo; e a da abstinência, um fazer nada. A primeira tem um teor libertário, enquanto a segunda possui caráter coercitivo. Vistas assim, teriam valores antagônicos, mas na verdade são articulações da engrenagem psicanalítica. A negação do movimento é o que permite o aparecimento da palavra, pensamento no lugar da atuação, curto-circuito de impulsos desconhecidos. Murros e abraços são gestos plenos de significados, que só poderão chegar à luz da consciência pelo, às vezes penoso, exercício da linguagem.

Outro aspecto da relação transferencial que teve emergência nesta sessão diz respeito à inveja raivosa do "sadio casal" de psicoterapeutas, expressa por Marta. Sua ira decorria da idealização da dupla. Nós teríamos a saúde e usufruiríamos felizes os prazeres dos quais ela estaria impedida. É bem possível que os ancestrais desta fantasia estejam calcados em sua infância. O propalado impedimento da participação na cena primária. Pai e mãe viveriam prazeres vetados a ela. Tudo isto agora teria sido reeditado na relação grupanalítica, propiciando, quem sabe, um novo viver.

Devo ainda comentar meu medo de ser estapeado, que quase põe a perder minha coronária. No início deste capítulo referi-me a uma precoce interferência minha, certamente outros "erros" na condução da sessão devo ter cometido. Outro grande ônus do exercício da psicanálise é o de carregar culpas em relação a nossos pacientes. Sentimento comum que quando explorado e compreendido se converte em valioso instrumento analítico, mas se permanece impensado pode acarretar sobressaltos coronarianos e, pior que isto, falsas interpretações do material da sessão.

Sugestão bibliográfica

BION, W. R. *Atenção e interpretação*. Rio de Janeiro: Imago Editora, 1973.

"Opacidade da memória e do desejo."

"considerando: se sua mente (do analista) está preocupada com o que é dito e o que não é dito, ou o que espera ou não espera, isto significa que ele não pode permitir que a experiência se imponha, particularmente aquele aspecto que é mais do que o som da voz do paciente ou a visão de suas posturas."

12

VESTIU UMA CALÇA XADREZ
E SAIU POR AÍ...

No início desta sessão Marta tomou a palavra e discorreu longamente sobre sua decisão de voltar à vida profissional abandonada há alguns anos pelo casamento e os cuidados com os filhos. Estava muito irritada e decepcionada com a ajuda oferecida pelo marido, que a incentivara a aceitar um cargo público. Sentia este cargo como algo que a desvalorizava e comprometia profissionalmente, no entanto, o que mais chamou minha atenção em sua comunicação intensa e forte foi a expressão corporal: gesticulava e movimentava-se muito, sentava com as pernas abertas, falava alto e enfaticamente, fez uso exagerado de palavrões.

Quando terminou, como se baixassem as cortinas no final da apresentação, trocou de lugar, acendeu um cigarro, cruzou as pernas e retomou sua maneira habitual.

Após alguns comentários, Patrícia disse, dirigindo-se aos terapeutas, que estava muito desconfiada. "Acho que vocês têm um caso. Antes nunca imaginava coisas como estas, agora não só imagino como acredito nelas."

Ivone retrucou dizendo que não se incomodava com isto. "Às vezes fico olhando vocês dois, acho-os bonitos por fora e por dentro. Formam um par perfeito. Imagino que seus filhos seriam lindos. Não tenho ciúme." Terminou esboçando um choro.

Próxima sessão. Marta entrou na sala com um novo corte de cabelo, extremamente curto. Comentários e risos. Marta disse: "Vou precisar usar brincos grandes e batom para não me confundirem com um viado."

A sessão seguiu e Ivone entrou atrasada, usando uma calça xadrez curta, paletó preto com enchimento nos ombros, camisa branca e gravata. Também seu cabelo estava curto e penteado para trás. Disse: "Hoje me disseram que eu parecia um moleque com esta roupa e este cabelo. Fiquei imaginando como seria se eu fosse homem."

Hermafrodito

Uma das regras básicas da psicanálise, a da livre associação, que entre outras coisas seria um falar sem censura, evoca nos indivíduos a permissão para a entrada no terreno dos desejos proibidos, imprime um afrouxar da repressão, concedendo desta forma a possibilidade do aparecimento de conteúdos primitivos da mente.

No grupo, como no sonho, o despertar dos desejos instintivos dá-se com conflito e com angústia. No sonho, o conflito resolve-se pelo mecanismo de satisfação alucinada. No grupo, o indivíduo se vê impossibilitado de realizar os desejos despertados, pois se depara com outra regra básica — a da abstinência. No material apresentado, a solução deste impasse se dá com uma dramatização. Os indivíduos encenam através do corpo e dos gestos a satisfação dos desejos reprimidos. Entendo dramatização como um meio deformado de expressão dos mais profundos anseios e pulsões. A partir da compreensão que se alcança com sua interpretação chegamos a algo grandioso: tornar mais permeável ao homem, seus motivos inconscientes.

Marta "resolveria" seus conflitos entre a vida profissional e a doméstica, travestindo-se de homem. Ivone, no seu temor-esperança de que a psicoterapia permita a realização do desejo proibido do incesto, de participação na cena primária, dramatiza o sonho hermafrodita, homem e mulher num só corpo, uma identidade ilimitada, sem necessidade de se deparar com a falta e a frustração. *Eu sou em mim mesma o par perfeito, do qual estou impedida de participar.*

Não existe geração espontânea

Algum tempo depois destas sessões, Ivone começou a faltar. Numa tarde telefonei, quando atendeu, parecia que aguardava minha ligação. Pediu que a visse sozinha. Quando veio, chorou muito e me disse que estava grávida sem saber com certeza se o pai da criança era o namorado ou se era um rapaz com quem trabalhava. O namorado sempre fora descrito como uma pessoa boazinha, mas incompetente em todas as áreas. Insosso, não lhe despertava desejo e a atividade sexual deles era precária e insatisfatória.

Depois deste encontro, voltou ao grupo sem revelar suas dúvidas. Revelou a gravidez e falou em se casar brevemente com o namorado. Sua frequência irregular permaneceu e uma semana antes do casamento enviou-nos seu convite.

Durante toda a gestação, a figura do marido e eventual pai da criança continuou apagada, reforçando a fantasia, já então clara e explícita: o filho era só dela. O sonho hermafrodita havia se concretizado!

No quinto mês de gravidez, num final de semana, começou a perder líquido amniótico, seguido de morte fetal e abortamento.

Nunca mais retornou. Seu tempo de análise ou o trágico aborto foram capazes de despertá-la deste sonho impossível? Acho que não.

Sugestão bibliográfica

ANZIEU, D. *El grupo y el inconsciente*. Madrid: Biblioteca Nueva, 1986.

"Analogia entre el grupo y el sueño."

"em minha opinião, o grupo, o grupo real é, antes de tudo a realização imaginária de um desejo; os processos primários, velados por uma fachada de processos secundários, são seus determinantes; dito de outra forma : o grupo eficaz, assim como aquele que se encontra paralisado em seu funcionamento, o grupo, como o sonho, é o debate com um fantasma subjacente..."

13

O Apocalipse

Sara, Aline, Rosa, Lívia, Bruna e Laís entraram na sala. Aline vasculhou sua bolsa, retirando cigarro e isqueiro. Rosa, sorridente, a interpelou.

Rosa – O cigarro é para ficar ou para escapar daqui?

Sara dirige-se a mim:

Sara – Uma vez você disse que o cigarro era uma forma de recurso, lembra-se?

Balancei a cabeça confirmando, enquanto vou recordando queixas recentes de cada uma delas.

Ricardo – Assim como o cigarro, tantas outras coisas podem se tornar recursos contra angústias desconhecidas. Dor na bunda, colite, obesidade, um marido frustrante, um casamento indesejado... são espécies de drogas que esvaziam a mente.

Sara – Você acredita que a minha dor na bunda sumiu completamente depois que eu fiz o cheque para te pagar?

Sara era uma paciente que estava no grupo há mais ou menos sete anos, com nítidos progressos na sua análise e que, há seis meses, começara a discutir sua alta. Desde então não pagava a psicoterapia. Na sessão anterior saldara seu débito. Rosa tomou a palavra.

Rosa – É, são drogas, mas menos perigosas que as reais. Minha amiga do Rio de Janeiro me disse que lá o problema de drogas está uma calamidade. Os pipoqueiros de porta de escola dão cocaína de graça para as crianças, para viciá-las. Sabem aqueles decalques de super-heróis que eles vendem? Ela disse que são embebidos em LSD para que sejam absorvidos pela pele, quando as crianças as colam nos braços como tatuagem.

Todas pareciam pensativas e ficaram silenciosas até que Sara retomou:

Sara – Ontem eu fui ao Hospital Albert Einstein visitar o filho de uma amiga que está em coma por um acidente automobilístico. A sala de espera da UTI estava coalhada de gente. Havia cerca de vinte jovens nas mesmas condições dele. Acidentes com motos e carros. Ele acidentou-se ao voltar de uma festa, onde cheirou pó a noite toda.

Lívia continuou comentando que não só as drogas a estavam assustando. A violência urbana, a fome etc. Contou que no sábado tinha ido a uma conferência em que um homem meio místico, meio visionário, dizia para uma platéia enorme, atenta e silenciosa, que o fim do mundo estava próximo, que poucos sobreviveriam, que alterações no DNA animal irião levar ao extermínio quase toda a humanidade. O homem falava tantos absurdos que do meio para o fim da palestra ela dormiu profundamente.

Poucos segundos depois de falar, começou a cochilar. Um silêncio pesado sobreveio à fala de Lívia. Depois de algum tempo, Aline dirigiu-se a Sara.

Aline – Sara, o que você sente quando pensa que breve vai ter alta?

Sara – Sinto saudade antecipada, uma profunda pena por perder tudo isto aqui.

Pela primeira vez Laís falou nesta sessão e olhando condoidamente para mim disse:

Laís – Ontem eu sonhei com você e o grupo. Estavam todos aqui sentados e eu entrei vestida de preto. Você era o Severo Blanco da novela e conversava com algumas meninas.

Comecei a contar alguma coisa e não tive a menor atenção de sua parte. Aí eu pensei, agora é o fim, vou embora para sempre. Levantei, peguei minha mala também preta, e fui saindo. A Lívia ainda tentou me impedir, mas fui para a cozinha e pedi para a secretária um chá de camomila. Chorava de forma inconsolável.

Ricardo – Associam algo em relação ao sonho de Laís?

Rosa respondeu que teve a impressão que o sonho falava do fim do grupo. Sara comentou que dois grupos meus haviam sido dissolvidos nas semanas anteriores.

Ricardo – Parece que falam de uma diáspora, que breve eu os expulsarei deste paraíso para o apocalíptico mundo externo. Já vivem antecipadamente a saudade e o luto da análise. A minha figura, associada à de Severo Blanco, um homem poderoso que joga com o destino das pessoas, parece indicar que estou sendo sentido como aquele que pode dar ou tirar todo prazer, toda boa ventura.

Rosa, de pronto, prosseguiu.

Rosa – Lembrei-me que outro dia eu assistia a uma entrevista daquele comediante português, o Raul Solnado, em que dizia que era mais fácil fazer humor quando tinham um governo repressivo.

Depois da lembrança de Rosa fiquei pensando novamente na diáspora. Os judeus deixando o Egito, Moisés conduzindo-os pelo Mar Morto, os quarenta anos no deserto, em busca da terra prometida.

– O "não" estimula a criatividade. A liberdade sem oposição não leva a nada, não cria. O "não" antecede o crescimento.

Aline disse não ter entendido muito bem o que falei e então exemplifiquei com o nascimento de cada um de nós. "Estávamos todos confortavelmente instalados quando um não nos expulsou."

Bruna comentou que sessões como aquela lhe dão vontade de não ir embora, ficaria ali para sempre. O que disse neste final de sessão inspirou-me a perguntar-lhes o que sentiram durante aquele encontro.

— No início eu não entendia, depois, pouco a pouco, as palavras foram se organizando, como poesia. E esta poesia foi entrando em mim, me fazendo experimentar um prazer que também era físico.

— Sentia o grupo todo com uma ligação profunda. Ao mesmo tempo estava solta e totalmente envolvida. Pensava que iria com vocês para qualquer lugar.

— Eu falei muito pouco, mas meu comprometimento era total.

— Percebia uma vibração me tomando, uma vibração que clareava as idéias. Assim pressinto que estamos caminhando.

— Uma sessão desta aquieta minha agitação. Uma acompanhante acompanhada.

— Você mudou, todos mudamos.

— Tive a sensação de que a pele de minha boca estava mudando. É como se a tivesse queimado, e agora o epitélio se regenerasse, sem dor.

Um encontro utópico e ucrônico

Três frases de pacientes deste grupo, ditas em outras sessões, marcaram minha memória pelo seu significado ilustrativo da situação analítica grupal. Ei-las:

— Sabe, estas três horas semanais que passo nas sessões são um tempo fora do tempo das outras coisas. Não está na minha agenda.

— É interessante esta casa, os ruídos, os cheiros, o jardim aí da frente, cheio de florzinhas. Parece que a gente está no interior. Parece com as casas da minha infância.

— Às vezes tenho a sensação de que está próximo o dia em que vou abrir a porta do consultório e dar de cara comigo mesma e me dar um grande abraço.

A primeira fala de um tempo fora do tempo, ou seja, de uma ucronia; a segunda, de um lugar fora do espaço, uma utopia e a terceira, do encontro. Ou seja, a experiência da utopia; e da ucronia, características do processo analítico, são condições propiciadoras do encontro. Somente apartando-se do mundo real é que o indivíduo pode tornar conhecido um desconhecido que o habita.

O objetivo da análise, seja ela grupal ou dual, é o mesmo – a revelação do inconsciente.

A palavra revelação expressa bem o que quero dizer: pôr luz onde antes havia penumbra, denunciar o que antes estava oculto.

O instrumento analítico – grupo – tem algumas peculiaridades que nesta sessão obtiveram um expressivo relevo. É um excitador do imaginário dos indivíduos: o cigarro, a dor na bunda, a colite, a obesidade, o marido, o casamento, as drogas, o apocalipse, o Severo Blanco, a diáspora dos judeus, o conforto intra-uterino, o epitélio da boca etc. Os grupos psicoterapêuticos encontram-se separados da vida cotidiana dos sujeitos que o compõem por uma espécie de membrana semipermeável sobre a qual projetam suas fantasias. Neste caso, durante todo tempo viveu-se uma nítida separação entre o real e o imaginário, entre o externo e o interno. O mundo que nos cercava era entendido como nefasto e catastrófico, o bom e o paradisíaco estavam ali dentro. Esta criação grupal fora motivada pela aproximação da alta de Sara.

Outra peculiaridade dos grupos é que da complexa trama de relações entre inconscientes resulta um subproduto, que se denominou "estado psíquico transindividual", onde se ativa uma intensa circulação fantasmática e identificatória entre as pessoas. Sara poderia ter tido o sonho de Laís, tão rico de conteúdos ligados ao tema da separação. Identificada com a colega, atribui ao "despótico e desatento" analista a perda do paraíso. Veste por todo o grupo um luto precoce pela alta-morte desta cara companheira.

"... ficaria aqui para sempre... esta poesia foi entrando em mim... iria com vocês para qualquer lugar... uma vibração me envolvendo... acompanhante acompanhada". São depoimentos veementes da cisão ilusória entre o bem e o mal, um estado de fusão idílica entre os membros do grupo, um ato de criação coletiva em prol das defesas particulares ante as separações vividas e perdidas na história de cada um, reeditadas agora com a breve partida de Sara.

Sugestão bibliográfica

ANZIEU, D. *El grupo y el inconsciente*". Madrid: Biblioteca Nueva, 1986.

"El grupo, lugar de fomento de imagénes."

"O grupo é um lugar de fomento de imagens. Desde o momento em que os seres humanos se reúnem para trabalhar, distrair-se, defender-se, roubar ou matar, para criar, mudar o mundo, instruírem-se ou serem atendidos, os sentimentos calam neles e os agitam, os desejos, medos e angústias os excitam ou paralisam; uma emoção comum se apodera às vezes deles e lhes confere a impressão de unidade..."

14

MEU PAI MORREU

Na noite anterior à sessão recebi um telefonema de Rosa, em que me contou o falecimento de seu pai. Muito emocionada, chorou copiosamente. Dei-lhe meus pêsames e ela terminou o telefonema me informando que compareceria à sessão no dia seguinte.

Chamei os pacientes na sala de espera e enquanto subiam a escada ouvi uma conversa animada, cheia de risos. Rosa estava maquiada, vestida com cores vivas, mais ousada que o seu trajar habitual. Não demonstrava qualquer expressão de tristeza em seu semblante. Sara, que retornava de férias, falou:

— Você não mudou nada... sabe, eu estava morrendo de saudade. Nas férias sempre me lembrava do grupo, mas não sei por que, alguns pensamentos hoje tiravam minha vontade de vir.

Permaneci olhando para o grupo e notei a fisionomia de Rosa inalterada. Um sorriso excessivamente vermelho estampava seu rosto. Num momento nossos olhares se cruzaram e começou a chorar. O choro entrecortado surpreendeu a todos.

Rosa – Sabem... meu pai morreu anteontem de madrugada. Um infarto. Tinha falado com ele, ao telefone, à tarde, e quando ia dizer que o amava muito, passou o telefone para minha mãe. Eu e minha irmã o vestimos para ser enterrado.

Nunca tinha feito isto, nem no meu trabalho... tamponamentos e tudo mais...

Enquanto Rosa falava fui experimentando a sensação de que sua emoção não estava afeita ao conteúdo do relato. Não seria aquela a perda sofrida.

Bruna – Mas você não falou nada na sala de espera, nem sequer deixou transparecer!

Permanecemos calados e inquietos por algum tempo.

Ricardo – Você começou a chorar depois que nossos olhares se cruzaram. Será que o olhar teria avalizado a exposição, ou a teria imposto? Será que deixava de relatar o fato para manter comigo algo de secreto? Sem a participação dos demais?

Sara – Eu sabia que não deveria vir aqui hoje. Esse meu pressentimento! Pensei que vindo poderia encontrá-lo morto e se não viesse poderia morrer e não vê-los mais!

Bruna – Nossa! Estou muito confusa.

Lívia, chorando, falou:

– Estou tão emocionada com tudo isto, mas não sei, está muito estranho!

Um outro silêncio... as pessoas foram se recompondo e, quando Rosa voltou a falar, existia ira em suas palavras.

Rosa – A religião é uma coisa engraçada. Quando eu e minha irmã estávamos lavando o meu pai, eu vi o pênis dele, de lado, murcho... tínhamos que amarrar o prepúcio para não vazar urina. Neste momento lembrei-me de uma passagem da Bíblia em que Noé, bêbado, fica despido e suas filhas o vêem sem roupa e por isto são castigadas.

Ricardo – Talvez tenham sido castigadas, não pelo que viram, mas por sentimentos inconfessos que tenham experimentado, sentimentos proibidos... como os que estariam acontecendo aqui?

Rosa voltou a chorar e, emocionadamente, disse:

Rosa – Eu não quero que ninguém tenha nojo dele... só eu!

Ricardo – A palavra nojo tem duplo sentido. Asco ou luto?

Rosa – Os dois!

O nojo

Qual o real sentido do telefonema funerário de Rosa? Por que no dia seguinte traja roupas de cabaré e não de velório? De onde emanaram as fantasias mortuárias de Sara? Meu olhar autorizou ou impôs o pranto de Rosa? Por quem suas lágrimas corriam? De que decorreria a confusão-estranheza de Bruna-Lívia? Quem é Noé? Por que asco e luto?

Oito questões com infinitas respostas. Esta é uma das constantes perplexidades do processo psicanalítico; cada comunicação comporta múltiplas abordagens, cada escolha do psicanalista obstrui, temporariamente, veios tão ou mais ricos que os optados. Um dos desejados destinos deste livro é o de oferecer ao leitor a possibilidade de eleger diversas vertentes interpretativas do material clínico exposto. Ser co-autor do livro que lê.

Movido pela dor da perda de seu pai, amado e odiado, Rosa procura com o seu telefonema dividir seu sofrimento, buscar guarida com quem a acompanha há tantos anos. Porém, junto disto parece almejar algo diferente. Seu pesar, comigo partilhado, simbolizaria a conquista de uma desejada exclusividade, jamais alcançada. Vinda de família de austera religiosidade, baixos recursos e grande prole, sempre teve que dividir o concreto e o abstrato, o prato e o teto, os cuidados e os afetos. Vestida de festa comemorava, silenciosa, sua redenção, até que o olhar denunciador traísse o desejado conluio. Suas lágrimas selavam então esta nova perda, ruía uma impossível cumplicidade.

Os pensamentos premonitórios de Sara me fazem pensar em duas hipóteses diversas e não excludentes. A primeira diz respeito ao seu retorno após um período de férias. Para os níveis mais regredidos de sua mente, nosso afastamento atualizaria arcaicas fantasias, onde a ausência seria sentida como morte. Morte imposta, culposa, minha ou dela. Há sete anos, quando Sara me procurou pela primeira vez, apresentava um quadro fóbico, que a impedia de dirigir seu automóvel e até entrar em um elevador sem a presença de um familiar qualquer. Mesmo seus jovens filhos eram proteção para sua alma amedrontada. Todo esse sofrimento tinha tido início com a súbita morte de seu pai, ocorrida dois anos antes do início da análise, quando estava em férias com sua família. Portanto, para ela, férias fomentavam a revivência de traumas ainda não elaborados. A segunda hipótese é menos lógica, mais adepta a explicações "menos científicas" e que a psicanálise evita. Faz parte do acervo de todo grupo-terapeuta o seguinte fenômeno: o grupo está reunido conversando sobre um tema qualquer. Há um silêncio, entra um componente retardatário, se senta e começa a falar algo correlato àquilo que antes se comentava. Intuição? Percepção extra-sensorial? Não pretendo explorar estes temas, mas quero deixar registrado que nestes anos de prática psicanalítica, individual ou grupal, fatos semelhantes ocorreram inúmeras vezes. As análises tornam os seres mais permeáveis àquilo que vem de fora deles, torna-os mais cósmicos, menos defendidos, ou seja, conhecedores de seus conteúdos mais profundos, mais próximos tornam-se daqueles que os rodeiam. A transposição de suas próprias cidadelas capacita o sujeito a ter um trânsito mais livre às defendidas alfândegas de seus semelhantes. Sara intuiu morte, soube sem saber, viu sem ver!

Bruna e Lívia vivem confusão e estranheza, apontamento de um estado de perplexidade da parte mais lógica, racional e coerente de nossas mentes diante do jorro de inconscientes falantes na sessão grupanalítica. A razão sucumbe com a emergência desse denso material. Como num pesadelo, as imagens tecem um quadro caótico onde fluem os desejos proibidos, a morte, o pecado, a culpa e a penitência. Essa sucessão vai compondo a história dessa sessão, que como tantas outras se constitui do cruzamento ucrônico da ontogenia de seus componentes.

Noé é o herói bíblico que repovoa a Terra depois do dilúvio, simboliza o recomeço. Exemplares de tudo aquilo que ficou submerso no passado têm nova chance ao aportarem da arca no Monte Ararat. O mito da renovação purificadora. A psicanálise, tal qual Noé, recomeça, reedita o submerso no inconsciente, para libertar o sujeito de sua compulsória repetição. Rosa retoma na transferência seus desejos incestuosos, "realizados" através do segredo. O olhar que denuncia a trama evoca em sua mente o castigo das filhas de Noé. A imagem de seu pai com o pênis inerte é o introdutor de sentimentos ambivalentes: a dor da perda, no luto; o repúdio ao desejo, no asco.

No fim do capítulo reportamo-nos ao começo do homem e sua trágica e reticente problemática: a proibição do incesto, cuja transgressão põe em jogo a humanidade do humano e a anuência é fundadora do pensamento e da cultura. Não é proibido proibir, a civilização é filha de um *não* que precede *sins* criativos e transformadores. Algum tempo depois Rosa casou-se e dois anos após esta sessão teve alta.

Sugestão bibliográfica

SUTHERLAND, J. D. *A psicanálise e o pensamento contemporâneo.* Rio de Janeiro: Imago, 1973.

"A psicanálise e o sentimento de culpa. D. W. Winnicott."

"Os trabalhos de Freud revelam como é que a verdadeira culpa reside na intenção inconsciente. O verdadeiro crime não é a causa do sentimento de culpa; é antes o resultado da culpa – a culpa que faz parte da intenção criminosa. Somente a culpa legal se refere a um crime; a culpa moral diz respeito à realidade interior."

15

EVA

Quando entrou no consultório pela primeira vez, experimentei uma forte sensação percorrendo todo o meu corpo. Muito atraente, jovem e inteligente, Eva me procurava para submeter-se à análise. Queria sessões individuais, mas um estranho pressentimento fez que lhe indicasse grupanálise.

Já freqüentava o grupo há dois meses, quando em uma noite tive um sonho amoroso em que ela era a protagonista. Com freqüência durante as sessões surpreendia-me absorto em sua figura. Meus sentimentos contra-transferenciais começaram a preocupar-me sobremaneira e o destino daquilo tudo me deixava muito apreensivo. Nesta ocasião, Eva já havia manifestado, explicitamente, sua transferência amorosa para comigo. Estava apaixonada pelo seu analista.

Cuidava para não demonstrar o que sucedia comigo e, pelo menos de forma consciente, nenhuma das participantes do grupo dava-se conta do meu envolvimento.

Em setembro, no início da primavera ocorreu esta sessão.

Rosa – Estou me lembrando de um livro do John Steinbeck em que ele fala de uma família que se instala numa fazenda do oeste americano. Havia três irmãos, um deleitava-se com o gado no pasto, o outro amava a natureza e o último, algo insano, dizia que deveriam derrubar o imenso carvalho que existia em frente à casa, pois dele era a culpa dos azares que tinham. Argumentava que o carvalho sugava toda energia daquela terra. O segundo irmão vivia o tempo todo vigiando-o para que não destruísse a árvore. Um dia, quando ele dormiu, o louco abriu uma grande cova ao redor do carvalho e decepou todas as suas raízes. Pela manhã, o irmão acorda sobressaltado, corre ao terraço e se alegra ao ver a árvore íntegra, com as folhas verdes, sem saber que já está morta.

Ricardo – O que aqui dentro deve ser extirpado por estar sugando as energias do grupo?

Ficaram em silêncio por algum tempo.

Sara – No outro dia a Bruna disse que não poderíamos ficar esperando que o Ricardo nos desse tudo. Senti isto como se uma pedra caísse sobre minha cabeça. Às vezes fico querendo que houvesse uma espécie de psicoterapia didática, onde recebêssemos um livro com todas as respostas, os conselhos, as tarefas. Era só ler até o fim e pronto.

Ricardo – Você está lendo este livro vagarosamente, e as páginas estão escritas dentro de você.

Mostrou-se insatisfeita com o que eu disse, agitou-se na poltrona e dirigindo-se ao grupo disse:

Sara – Ninguém vai me dar as respostas e tirar estas pedras que caíram na minha cabeça? Eu vou ter que passar o fim de semana com elas?

Flora – Naquela sessão em que conversamos sobre a entrada de novos participantes no grupo, você disse que tinha um ou uma pretendente, mas que estava aguardando um momento propício. Agora pouco comecei a refletir – "Como ele pode pensar em colocar outra pessoa, se depois que Eva entrou as vagas esgotaram-se?" Não havia notado aquela cadeira vazia.

Ricardo – Se o grupo está completo, alguém deve sair para que alguém possa entrar.

Rosa – Eu não sei por que, mas quando olho para Eva, lembro de meu irmão mais novo. Este fim de semana ele mandou uma carta para toda a família. Falava de seus progressos na cidade onde está morando, mandou fotos da filhinha dele, que está uma graça ... mas dentro da carta tinha outro envelope endereçado ao meu irmão mais velho, o Paulo, que está administrando todos os bens deixados por meu pai. Não me incomoda o fato dele mandar algo confidencial, mas lembrei-me que quando ele vivia conosco era o que menos respeitava as correspondências, abria todas as cartas ...

Pouco depois desta sessão, Eva voltou a manifestar a intenção de ter sessões individuais, argumentando que desta forma sua análise ganharia velocidade. Escudei-me na ausência de horários para opor-me ao seu desejo e esta minha negativa motivou sua saída do grupo e a procura de um outro analista. Felizmente!

O segredo

Ter experiência emocional significa ser continente de suas emoções para poder conhecê-las. Ser analisado quer dizer ter percorrido com um outro as veredas de seu mundo inconsciente e ter conquistado uma maior permeabilidade entre esta instância psíquica e a sua consciência. Ser analista é ter feito isto e ter adquirido qualificações para ser coadjuvante da viagem de outros.

Ser emocionalmente experiente, ter sido analisado e ser analista não representa no entanto que esse sujeito esteja livre de ser acometido por estados emocionais inexplorados, velados à sua percepção e portanto obstrutores do conhecimento. São os pontos cegos do analista.

Nesta sessão, Rosa, com sua luminosa lembrança do livro de Steinbeck, denunciava o que vinha sucedendo no grupo. O grande carvalho que sugava as ricas seivas daquele chão são elegantes imagens metafóricas que representam um analista vitimado por emoções não elaboradas, que o empobreciam e impediam o desenvolvimento da análise. Insandecido, não conseguia, na ocasião, vislumbrar outra saída se não amputar o mal pela raiz, ou seja, propiciar o afastamento de Eva. Minhas falas – "O que deve ser extirpado... ?" e "Se o grupo está completo alguém deve sair ..." – atestam isto.

As vagas precisavam ser reabertas, o esgotamento que Flora imaginara referia-se a um fechamento do seu analista que não percebera a cadeira vazia, melhor dizendo, uma alternativa mais elaborada que a mera "expulsão" de Eva. A "irmã" mais nova do grupo havia, com seu encanto, conquistado uma correspondência confidencial com meu mundo interno.

As pedras na cabeça de Sara falam de sua dificuldade em contatar com um analista não onipotente, comprometido e embaraçado por humanos sentimentos. Descia do Olimpo que sua idealização me entronizara, para a condição de um simples mortal. Inconscientemente, receitava-me livros didáticos para auxiliar-me com o inusitado daquela situação. Penso também que Sara com sua linguagem figurada – "Ninguém vai me dar as respostas e tirar estas pedras da minha cabeça ?" – faz das minhas angústias contra-transferenciais suas palavras. Uma porta-voz inconsciente daquilo que eu tentara segredar.

Jean Racine, na tragédia *Britannicus*, diz: *"Il n'est point de secrets que le temps ne rèvéle"*. Esta frase encontra uma tradução aproximada no provérbio: "Não há segredo que cedo ou tarde não seja revelado".

Eva começou sua nova análise e as poucas informações que tive dizem que permaneceu nela por muitos anos, que concluiu com êxito um curso de doutoramento e que tem podido ser autora e não vítima do mundo em que vive.

Sugestão bibliográfica

KHAN, M. MASUD R. *Psicanálise: teoria, técnica e casos clínicos*. Rio de Janeiro: Francisco Alves, 1984.

"Que é psicanálise na vida do analista? Uma transferência de privacidade. Ser analista, ser objeto de transferência para outra pessoa é, por sua vez, aceitar transferir parte de sua vida privada. Certa paciente me disse um dia que, para exercer minha profissão, era preciso ser infiel àqueles que eu amava, já que me permitia viver uma relação tão profundamente íntima com outras pessoas que não eles. A interpretação de transferência que respondeu a estas palavras não esgotou toda verdade que elas encerram. A função dos escritos é, por conseguinte, sempre um tanto indiscreta, pois revela a estranhos — mesmo que estes estranhos sejam colegas — momentos de uma intimidade sem testemunhas. O amor e o ódio de que fomos objetos, as intensas trocas realizadas são espalhadas aos quatro ventos. Em proveito de quem?"

16

INTERREGNO II: O INUSITADO

Outro entreato, que tem as mesmas razões que o primeiro e também porque, após o capítulo anterior, ele torna-se pertinente.

O que é inusitado em grupanálise e em psicanálise?

Inusitado provém do latim *inusitatus*, é um adjetivo e quer dizer não usado, não usual, incomum, estranho.

Uma das aproximações possíveis do que seja estranho nos grupos pode ser feita a partir do seu oponente, ou seja, o que é usual, corriqueiro, que se encontra sempre.

O comum nos grupos é evitar o inusitado.

Montaigne, no ensaio *Apologia de Raymond Sebond*, diz: "Condenamos tudo que nos parece estranho, assim como o que não entendemos (*tout ce qui nous semble étrange, nous les condanons, et ce qui nous n'entendons pas*)".

Quais as origens deste evitamento e desta condenação?

São resultantes de um conflito ambivalente entre um desejo e uma defesa. O desejo se sustenta na curiosidade, no desafio e na identificação com o novo. Somos habitados por um estranho, por um estrangeiro. A defesa, que gera rejeição, xenofobia, é o sentimento dominante do conflito e está apoiada na ameaça e nas fantasiosas perdas que a situação nova provocaria.

Essa ambivalência está contida na própria semântica da palavra xenófobo: o *xénos* era, na Grécia Antiga, o hóspede que se acolhe e se honra; e *phobos* é a fuga, o pavor.

O estranho de cada ser, o estrangeiro nas comunidades e o inusitado nos grupos promovem, quase que invariavelmente, uma organização reacionária e racista.

As múltiplas reações à entrada de um elemento novo nos grupos de análise, a alta de um dos componentes, assim como os papéis rígidos e cristalizados de cada um dos participantes, ilustradas em outros capítulos desse livro, demonstram este reacionarismo. Porém, tenho a lembrança de duas outras situações clínicas que exemplificam a xenofobia grupal em face do estranho.

Em uma ocasião entrevistei por pouco tempo uma paciente que me pareceu adequada a um determinado grupo, que na época era composto apenas por mulheres. No dia de sua estréia falou muito pouco e o assunto predominante durante toda a sessão foi o homossexualismo. No dia seguinte telefonou-me dizendo que não pretendia continuar em grupo, queria saber se poderia atendê-la individualmente. Como não tinha horários, encaminhei-a a um colega, que tempos depois me informou que a paciente era homossexual e que esta condição, de grande desconforto para ela, fora o motor impulsionador de sua procura por um trabalho analítico.

De outra feita, propus a uma paciente, após três entrevistas, que participasse de um grupo. Aline era pintora e professora de Artes de uma Universidade. Inteligência brilhante, percepção aguçada, já havia feito outras análises e contava ter tido uma internação na juventude por um surto psicótico que não mais se repetira. Parecia-me que o grupo que lhe indicara se beneficiaria e que este, pela característica de seus componentes, seria benéfico a ela.

Na primeira e última sessão, os demais participantes não lhe concederam importância e todos solicitavam, enfaticamente, minha atenção para problemas particulares. Num determinado momento fiz uma pergunta: "O que estão sentindo?" Aline adiantou-se e dirigindo-se aos outros disse: "Vocês parecem burgueses apressados querendo desesperadamente uma vaga no estacionamento do supermercado". Não voltou mais.

Nem sempre, felizmente, as coisas caminham dessa forma. Outras hão em que o elemento novo permanece por algum tempo numa situação de limbo. Parece-me que ele está sendo deixado lá até que as "enzimas catalíticas" do grupo tenham digerido a ameaça que ele representa enquanto novo. Depois de um período variável de aclimatação o sujeito é então introduzido, assumindo agora um papel, para os outros e para si mesmo não diferente daqueles que lhe foram impostos por suas defesas neuróticas, a não ser que a análise seja bem-sucedida.

A propósito da bipolaridade diante do estranho, disse que o desejo pelo novo se sustenta na curiosidade, no desafio e na identificação. No *Dicionário de símbolos*, de Chevalier e Gheerbrant, no verbete "estrangeiro", encontramos o seguinte: "O termo estrangeiro simboliza a situação do homem. Com efeito, quando Adão e Eva são expulsos do Paraíso, abandonam sua pátria e possuem, a partir deste momento, estatuto de estrangeiro, de emigrado. O exílio é o seu destino, assim, todo filho de Adão é um hóspede de passagem, um estrangeiro em qualquer país que se encontre".

A analogia de tudo isso com aquilo que conhecemos em psicanálise como trauma de nascimento é evidente. Nascidos, somos peregrinos eternos à procura de uma relação de completude total, onde inexiste a diferenciação eu-tu. Tudo sou eu mesmo! Não experimento a falta! O triunfo do princípio do prazer sobre o de realidade seria, então, finalmente reconquistado!

Em nossa peregrinação pela vida, com alguma freqüência, deparamo-nos ilusória e temporariamente com este desejado reencontro. São exemplos as grandes realizações narcísicas, as paixões amorosas, ideológicas e religiosas e o pertencimento a grupos, quer sejam eles naturais ou terapêuticos.

Como também já disse, a reação rejeitadora ante o inusual não é absoluta. Ela se constitui também num pólo de atração.

Segundo algumas tradições o estrangeiro é visto como rival potencial, mas também como possível aliado. Tanto pode ser um mensageiro de Deus, como perigosa encarnação diabólica. Assim, na primeira destas qualificações convém honrá-lo e na segunda, conciliar-se com ele.

Luiz procurou-me pela primeira vez quando estava vivendo uma indesejada separação de sua esposa. Engenheiro, poeta e ator, Luiz tinha personalidade atraente, um humor aguçado e uma dor exposta que cativou seus companheiros de grupo; adotaram-no de imediato. Repetia dessa forma a relação que tinha com sua família original. Era o filho desgarrado e amado, agora, pela mãe-grupo. Pouco assíduo, sua ausência era sempre lamentada pelos demais, que com freqüência se referiam a ele como sendo a pessoa que mais contribuía para dar vida ao grupo. Seus desatinos seduziam a todos. Uma vez, chegou atrasado e, quando abriu a porta, trazia um bolo com velinhas acesas e, a seu lado, seu filho de cinco anos, carregando uma grande garrafa de refrigerante, copos e pratinhos descartáveis.

"Hoje é meu aniversário e eu vim comemorá-lo com vocês!"

De outra feita, em sessão em que deveriam pagar-me, trouxe um pacote de livros de poesia de sua lavra. Quando todos começaram a fazer cheques, levantou-se e saiu vendendo um exemplar para cada um, conseguindo, desta forma, dinheiro para pagar meus honorários. Mesmo aceito e acolhido, Luiz permaneceu um tempo no grupo e assim como veio, foi. Não pude analisá-lo.

Bem, até agora estávamos descrevendo o que é usual nos processos psicoterápicos de base analítica. Se podemos entender uma análise como a busca do novo, do inusitado em si e no outro, do estranho-estrangeiro que nos habita e muitas vezes domina, é fácil deduzir que o inusitado em psicanálise ou em grupanálise é *haver análise*.

O desenvolvimento de uma análise se dá regido pelas regras fundamentais da abstinência e da livre associação, através de um processo que ocorre em determinada situação, balizada por um enfoque analítico.

Situação pode ser entendida como a totalidade dos fenômenos que se desenvolvem na relação terapêutica entre analista e pacientes, enquanto *enfoque* seriam as constantes do pensamento psicanalítico através do qual se dá o *processo*, que seria tudo aquilo que estudamos, analisamos e interpretamos.

Pois bem, a despeito de que consigamos pôr em funcionamento toda esta engenharia psicanalítica, poucos dos pacientes partícipes ativos deste aparato beneficiam-se analiticamente, isto é, aprofundam-se no conhecimento de seus inconscientes.

Inqualificação do analista? Inqualificação da técnica? Inqualificação dos pacientes?

É um assunto que me inquieta há longo tempo. E esta inquietação se prende às pessoas que me procuram sofrendo emocionalmente, assim como também aos profissionais que exercem este ofício ou que pretendem fazê-lo.

Os nossos institutos estão continuamente recebendo alunos para fazerem suas formações e avalizando outros que completaram seus cursos. Para quê? Para tratarem-curarem pessoas? Sei que o verbo **curar** é espúrio em certas áreas "psi" e também sei o porquê de seu banimento. Mas... voltando às razões do formar profissionais... Para que as pessoas submetidas conheçam melhor a si próprias, acessem seus inconscientes, melhorem suas qualidades de vida, para não serem vítimas do estrangeiro que as habita? Tudo isso é verdade, mas não aquieta minha alma intranqüila.

Os rejeitadores do verbo curar o fazem argumentando que ele se refere a um procedimento médico e nós, psicanalistas e/ou grupanalistas, obedecemos a uma metodologia diferente. Nós investigamos o inconsciente! E eu pergunto: não seria conveniente que disséssemos àqueles sujeitos que nos procuram com dor mental que não nos propomos curá-los de seus males e sim, durante cinco a dez anos, fazermos a reconstituição arqueológica de suas psiques?

Os médicos propõem a seus pacientes um tratamento clínico, uma cirurgia para aliviá-los da doença que os acomete. Fazem estatísticas de seus sucessos e fracassos, o que os possibilita dizer ao sofredor suas chances etc. Nós, psicanalistas, como não nos propomos curar, estamos livres da angústia da obtenção de resultados.

Quando se colocam profissionais no mercado, estamos oferecendo-o a uma população demandante, que espera algo. O quê? Cura de suas dores, sejam elas quais forem! Há aqui um grave problema: o demandante procura cura, o ofertante dispõe de cultura! E nós, formantes? – nos perpetuamos como agentes hipocritizantes?

É preciso pensar nossos resultados para aprimorarmos nossas técnicas. Esse desconforto mobiliza questionamentos! Quantos de meus pacientes, que passaram pelos grupos que coordeno, posso considerar como tendo sido analisados? Ou seja, que as interpretações puderam, ao iluminar as resistências, controlar seus mecanismos de defesa, levá-los a uma comunicação mais livre entre seus sistemas psíquicos?

Em um levantamento benevolente feito há alguns anos, hoje não sei como as coisas andam, apenas um quarto dos meus clientes, efetivamente, foram ou estavam sendo analisados. Os demais podiam ser enquadrados nas seguintes categorias: aqueles que adquiriam conhecimento intelectual de si mesmos, mas poucas modificações reestruturantes ocorriam; os que vinham à análise como um etilista vai ao álcool, são os viciados; aqueles que faziam de sua análise um mero depósito de angústias. Sem dúvida, existem aí aspectos psicoterápicos, porém não analíticos.

Se nos contentamos com isso, ótimo! Se não, urge que busquemos *resultados*, quer a técnica esteja aplicada à psicanálise, quer à grupanálise, quer a famílias, casais, instituições etc. O *resultado* é o agente articulador e legitimante de qualquer proposta honesta para formar profissionais e tratar pessoas que sofrem emocionalmente. Sem esta articulação estaremos sempre preservando o velho, o ortodoxo.

Para isso é necessário que nossos "pensares" estejam livres das vaidades aprisionantes, dos poderes sedutores! Lúcidos para perceber que os pensamentos, assim como os nossos inconscientes, objetos de nossa investigação curativa, antes de tudo são, veementemente, heterodoxos.

Encerro Interregno II pedindo emprestado um poema de Luiz, meu paciente-poeta:

> Do livro ainda é possível arrancar páginas
> Do coração nunca
> Do livro ainda é possível corrigir erros
> Do coração nunca
> Mesmo assim, minha poesia deixa um tanto
> a desejar meu coração
> Arrimática
> infonética
> assimétrica
> Talvez nada diga ao padeiro
> à dona de casa
> à empregada doméstica
> nem ao juiz
> cargo competente
> ao advogado ou ao gerente
> Mas talvez, quem sabe ao analfabeto
> que vendo estes estranhos símbolos
> de rabiscos repletos
> ache engraçado, ao olhá-los de perto.

17

JESUS, ALEGRIA DAS MULHERES

Vários componentes daquele grupo haviam se afastado nos últimos meses e o risco de extinção estava presente na cabeça de todos e era uma preocupação que ocupava minha mente, sem que conseguisse atinar com o que ocorria. Uma série de desentendimentos entre os participantes ficavam mal elaborados e passaram a se constituir motivo das evasões.

Numa sessão, Helena falou de sua raiva em relação ao último encontro em que não se sentira compreendida e, mais do que isto, se sentira agredida por Maria e Patrícia. Pensara em não mais voltar, em interromper a análise.

Nas duas sessões seguintes não compareceu e durante todo o tempo falou-se dela. Sentiam-se culpados pela sua eventual saída.

Sílvia – O que vai ser do grupo, Ricardo? A Helena pode sair, Maria vai afastar-se para dar à luz, eu em breve vou fazer a minha cirurgia de períneo... Ricardo, vê se coloca mais gente no grupo!

Maria – De preferência um homem!

Coincidentemente, recebi neste dia o telefonema de Alex, um jovem engenheiro que entrevistara há duas semanas. Havia decidido iniciar grupanálise e seus horários eram compatíveis com os desse grupo. No dia seguinte compareceu à sua primeira sessão. Helena entrou atrasada.

Helena – Gente nova no grupo?

Maria — Na última sessão estávamos preocupadas com o destino do grupo. Aí pedimos ao Ricardo que colocasse mais gente, de preferência um homem, então você surgiu.

Ricardo — Surgiu para salvar? Para impedir a desagregação do grupo?

Helena — Vocês não acham que ele tem a cara de Jesus Cristo?

Na sessão seguinte Alex conta um sonho.

Alex — Sonhei que dirigia um carro de seis rodas, sobre as duas últimas estava o meu veleiro e, dentro, pessoas da minha família. Acho que faria uma regata. Ia pegar a estrada por uma pequena descida e quando cheguei nela percebi que é formada por dois trilhos paralelos e que ao lado havia lodo, uma água lamacenta. Todos ficaram assustados e concluindo que ia ser impossível encaixar as seis rodas nos trilhos, tentei voltar para aquela ruazinha de marcha-ré. Como havia descido muito, não consegui e caí no lodaçal. Acordei apavorado!

Fez algumas associações, contando fatos familiares, mas uma frase chamou minha atenção: "A união da família é uma coisa muito importante para mim".

Patrícia — O sonho dele me deu muita angústia, ir morrendo afogado na lama!

Ricardo — Parece que ser responsável pela união grupal é tarefa muito árdua para você. Teme que comandar este carro de seis rodas, seis companheiros de grupo, seja impossível. Todos podemos sucumbir nesta lama que circunda os trilhos da análise. Voltar é mais perigoso do que tentar ir em frente. O veículo, a análise, caminha sobre bitolas estreitas, mas traz junto de si a possibilidade da liberdade, o veleiro!

Navegar é preciso!

Sob o jugo de inconscientes que interatuam, sem interpretações reveladoras, os grupos elegem um líder. Helena disse: "Vocês não acham que ele tem a cara de Jesus Cristo?" A chegada do Messias era festejada. Helena, que pela rejeição sofrida, tornara-se a mensageira apocalíptica do grupo, rejubilava-se com a aparição do Salvador.

Um Salvador que não aspirava a este papel. O sonho de Alex coloca a dimensão com que sentiu a função que o grupo agonizante lhe outorgara. O carro com seis rodas devia representar a análise grupal que demandava ser colocada sobre o eixo do processo psicanalítico. Um comando que lhe foi atribuído pois eu, o psicanalista, não estava conseguindo conferir clareza às trevas destruidoras que dominavam o grupo naqueles tempos. Tenta recuar e premoniza que esta atitude é o selo da catástrofe. Seu sonho também pode ser lido como uma ilustração figurada do processo psicanalítico. Uma técnica que se baseia na abstinência e na livre associação, os dois trilhos que sustentam e viabilizam a existência de análise. Sair destas bitolas é cair no lodo, é romper com as regras, é não haver análise. Se a abstinência prende, a livre associação solta. A atuação impedida confere liberdade à palavra; assim a continência psíquica se expande, assim o conhecimento liberta.

Nas velas infladas da fantasia, caminhando nos trilhos da psicanálise é que se pode iluminar os ditadores processos inconscientes, libertando-nos desses grilhões que determinam o porvir, muitas vezes indesejado, de nossas vidas. Navegar é preciso, viver é preciso... mas, às vezes não se navega, não se vive porque a neurose, as defesas pegam o timão e nos navegam, nos vivem!

Sugestão bibliográfica

BION, W. R. *Experiências com grupos*. Rio de Janeiro: Imago, 1975.

"Para que os sentimentos de esperança sejam sustentados é essencial que o 'líder' do grupo, diferentemente dos líderes do grupo de dependência e do grupo de luta-fuga, esteja por nascer. Será uma pessoa ou uma idéia que salvará o grupo – na realidade, dos sentimentos de ódio, destrutividade ou desespero de seu próprio grupo ou de outro, mas a fim de realizar isto, evidentemente, a esperança messiânica nunca deve ser alcançada."

18

O Entreposto

Nesta sessão estavam ausentes João e Alex. Compareceram Patrícia, Helena, Maria e Sílvia.

Patrícia – Hoje eu vou sair às 19h20. Tenho uma missa de sétimo dia... vou ficar tão pouco, mas tinha que vir, nem que fosse por um só minuto. Estou tão insegura, não tenho dormido bem.

Ficaram em silêncio por alguns minutos

Ricardo – É como se precisasse vir aqui buscar algo. Segurança, bem estar... alguma coisa.

Patrícia – É!?

Seu *"é"* era exclamativo e ao mesmo tempo trazia uma dúvida; pensei que não só teria vindo em busca de algo, como também deixar qualquer coisa.

Maria – Não sei, acho que a psicoterapia não é como minhas rotinas, venho aqui em busca do extraordinário, do vital.

Patrícia – É, eu sinto como vital... mas, agora preciso ir embora. Até amanhã.

Levantou-se e saiu apressada.

Helena – Eu venho sempre esperando novidades, como esta, de alguém sair da sessão antes de terminar.

Maria – Lembrei-me que quando estou visitando amigos com meu marido e alguém sugere que saiamos para jantar fora, num lugar distante, sempre tenho que passar em casa para ver como as crianças estão. O Israel fala que eu vou tomar a bênção dos filhos.

Helena – É como quando a gente tem um namorado e vai sair para fazer qualquer coisa e sempre acha um tempinho para antes passar pela rua ou pela casa dele.

Sílvia – Eu já sinto a coisa da Patrícia como um bater ponto. Dizer que está aqui com os seus problemas e que continua sofrendo deles.

Ricardo – Penso que há algo em comum com o que todos estão dizendo. Tomar a bênção dos filhos me dá segurança para sair, meu papel de mãe está assegurado; bater o ponto com os meus sintomas me garante que a relação com o terapeuta não será abalada pois ainda sofro deles. Precisam passar por aqui para sentir-me fiel, sentirem-se fiéis. Vêm em busca de uma reafirmação que liberta, como também para deixar-me cativo.

Maria – Eu também senti isto quando a Patrícia falou, ela precisava vir aqui para levar e deixar coisas.

O papagaio

Alguns anos depois desta sessão Maria teve alta, era novembro. No mês seguinte recebi um cartão de Natal confeccionado por ela. Num céu amarelo voava um papagaio azul em liberdade. Seus dizeres: "Posso ventar sem que ninguém me segure. Sinto saudade de você. Dezembro 1985. Maria". Aquele ponto-porto de carga-descarga já não era mais necessário, já podia ventar-voar sozinha.

"... tinha que vir... estou tão insegura... buscar algo... vital... novidades... a bênção dos filhos... um bater o ponto... deixar-me cativo... deixar coisas". São os pontos cardeais desta sessão intitulada "O Entreposto" – armazém onde se guardam ou vendem mercadorias.

Neste momento grupal, o encontro tem a função de silo e de fossa. Aqui se encontra o alimento estruturador e liberalizante, como também um espaço de depósito de dejetos destruidores e imobilizantes. Este ponto de referência é a mão do menino que segura o cordão do papagaio, permitindo seus vôos de reconhecimento, a análise em si.

Em minha vida de analista tenho segurado muitos cordões, alguns tenho largado e outros se desprenderam, pois já voavam sós, como Maria. Ao contrário dela, Patrícia continua até hoje freqüentando meu consultório (1992). Os 20 minutos que permaneceu conosco neste dia ilustram bem o que vem acontecendo nos últimos 12 anos. Sempre irregular, sempre com atrasos ou saídas antecipadas, descarrega seus desconfortos pré-verbais e carrega seus alimentos vitais, que não estão contidos nas minhas interpretações.

Muitos analisandos passam por esta situação de dependência no trajeto de suas análises. Alguns terminam o percurso e se desprendem, outros rompem precocemente e poucos, felizmente, estacionam nesta condição. Não ouso no momento deixar Patrícia, sei que se fizer isto a saúde mental que lhe resta não terá forças para sustentá-la, sei também que o processo psicanalítico, a descoberta de seus motivos inconscientes não fazem o menor sentido para ela. Este propósito involuntário de Patrícia envolve minha eternidade como ser ou função. Torço para que no fim de uma das duas, de preferência a segunda, ela tenha introjetado, pelo menos em parte, aquilo que represento, ou que outro "garoto" me tome o cordão.

Sugestão bibliográfica

SPILLIUS, E. B. *Melanie Klein hoje*. Rio de Janeiro: Imago, 1991. v.1.

"Organização patológica."

"as defesas parecem trabalhar em conjunto para constituir um sistema rígido que não desenvolve a flexibilidade característica da defesa da posição depressiva e os esforços do indivíduo para fazer reparações, tão característico da posição depressiva, são em geral narcísicos demais para propiciar resoluções duradouras. Há uma variação considerável na psicopatologia das organizações patológicas, mas as análises destes pacientes tendem a ficar emperradas, seja tornando-se muito longas, apenas parcialmente bem-sucedidas ou algumas vezes intermináveis."

19
A FLORA

Flora telefonou-me solicitando uma sessão individual para aquele dia. Como não havia horário compatível, despediu-se sem mencionar o motivo da solicitação.

No dia seguinte o grupo se reuniu.

Flora – Ricardo, eu quero que você me dê alta.

Já havia esboçado este pedido na sessão anterior. Fiquei algum tempo em silêncio, ela continuou.

Flora – Se você concordar vou ficar grata e feliz, se não vou ficar triste. Acho que posso tocar a minha vida sozinha.

Ricardo – O que sentem?

Rosa – Inicialmente eu senti pena por ela deixar o grupo num momento tão importante quanto este e depois comecei a ficar com raiva.

Bruna – Não sei, eu só sinto que depois da sessão de quarta-feira eu fiquei muito mal, estava indisposta, olhava para minha gordura...

Fiz comentários sobre os progressos conquistados por Flora durante seus anos de análise e que isto me levava a não opor-me a seu afastamento, porém, fiz a ressalva que sua análise ainda poderia prosseguir.

Flora – Desejo sua concordância para que um dia possa voltar, se precisar.

Sara – Ricardo, você diria o que disse para Flora a outras pessoas do grupo?

Fiz um leve aceno com minha cabeça e mantive-me calado.

Bruna — Não é possível! Quem aqui atingiu seus objetivos? Eu continuo gorda e desta forma que estão vendo!

Estava furiosa. Vários membros do grupo passaram a falar de problemas físicos.

Rosa — Todas estas queixas me fizeram pensar em crianças que põem roupa de gente grande.

Ricardo — Ou gente grande que se despe de suas roupas e coloca fraldas? Todos estes discursos somáticos não seriam uma resposta à alta de Flora? Os órgãos falam o que a cabeça não pode pensar?

No final da sessão Bruna ficou ainda mais raivosa, queixando-se de sua obesidade, cobrando-me emagrecimento. Falou de ânsia de vômito, excrementos destruidores etc.

Na sessão seguinte o clima havia mudado.

Flora — Eu vim para me despedir. Eu quero tentar...

Senti, com prazer e dor, que ela podia ir.

Flora — Sabem, eu pensei em trazer o Eduardo hoje!

Todos no grupo haviam acompanhado a adoção deste menino, e naquele momento, como um filme rapidíssimo, todo o processo reprisou-se em minha mente.

Flora — Sabe Lívia, eu precisei perder muitas crianças para ter meu filho. Antes eu queria apenas ter um nenê, perdi cinco, depois eu consegui querer um filho. Agora tenho o Eduardo!

Neste momento eu senti que em breve lágrimas escorreriam por minha face. Experimentei uma forte sensação de que aquele era um momento mágico, o ódio da última sessão fora substituído por amor, gratidão, otimismo e coragem.

O fruto

O impacto inicial com o afastamento de Flora levou a maioria dos participantes deste grupo à vivência de um quadro regressivo, tendo em Bruna seu principal porta-voz. "Não é possível!", exclamou, eivada de inveja da companheira que teria podido usufruir de sua análise, transformando a tormentosa realidade em que vivia. Um intenso ódio serpenteava seus comentários, contrastando com fases anteriores em que demonstrara vivamente sua paixão transferencial. Já se disse que a transferência isola e constitui uma ligação privilegiada da exposição de Eros e Tánatos.

Sara me perguntou se diria o mesmo a outros. Queria saber se os demais receberam também suas doses de nutrientes? Neste momento, uma amnésia temporária a impedia de ver sua própria evolução? Acredito que sim. Os sintomas físicos falavam no lugar das mentes obliteradas pela inveja.

"... ou gente grande que se despe de suas roupas e coloca fraldas?" É uma metáfora que pretende pôr palavras onde antes havia o silêncio das somatizações. Ilustra a regressão e possibilita a elaboração. Na sessão seguinte o ódio deu lugar ao amor.

Flora queria trazer Eduardo, seu troféu, para mostrar-nos. Este filho era o símbolo de todo o percurso que fizera em seu mundo interior. A libertação de seus sintomas histérico-fóbicos, do terror autotanático. Durante seus anos de análise teve cinco abortos, uma ruptura espontânea de baço e uma hepatite. Uma dura estrada havia sido percorrida!

Creio que neste tempo de grupanálise ela pôde reviver, recordar e elaborar muito. Eu sentia uma grande alegria por vê-la partir tão bem e também tristeza pelo afastamento desta querida paciente. Agora percebo que eu também percorri com ela um intenso e profundo caminho contratransferencial. Eu a desejei, rejeitei, amei e desprezei... e agora sofria com o desligamento. Flora representou para mim e para o grupo o reconhecimento da validade do trabalho psicoterápico e de sua eficiência, em alguns casos.

Para encerrar este capítulo trago a lembrança de um comentário que meu caro amigo Bernardo Blay Neto me fez há muitos anos. Disse ele que a alta era como um fruto maduro que se desprende da árvore que o nutriu. Já teria adquirido toda doçura e todo tamanho necessário ao desligamento. Usando esta mesma imagem eu diria que do cabo da fruta e do caule da árvore uma gota de seiva brota após a separação. Ambos choram!

Sugestão bibliográfica

LEAL, M. R. M. *Grupanálise*. Lisboa: Sociedade Portuguesa de Grupanálise, 1994.

"Problemas da alta em psicoterapia de grupo e grupanálise."

"constata-se, assim, que se pode recorrer aos dados da mais moderna investigação empírica da vida emocional para validar aspectos importantes da teoria grupanalítica. A análise e a equilibração dos distúrbios emocionais encontram aqui o seu contexto integrativo, e pode-se acrescentar que a grupanálise promove o desenvolvimento individual, na medida que realça a autonomia e permite a dependência, funcionando para cada qual ao nível da sua tolerância para a descoberta e para a interpretação ou intrusão de outrem."

20
O FECHA-ALAS

Ondina tinha 22 anos quando deu à luz a seu primeiro filho. Um natimorto. Quatro anos depois nascia Valéria, uma das prefaciadoras deste livro. Em fevereiro de 1945, nos extertores da Segunda Grande Guerra, nasci. Ela tinha então 30 anos e sua vida com Luiz, meu pai, já era amarga. Durante minha gestação tentou abortar-me ingerindo "aguardente alemã". Nunca consegui saber o que seria esta beberagem abortiva, o fato é que resisti a ela e creio que a mais remota embriologia de minha onipotência aí reside. Sete anos depois, nascia a última filha, Angela, sua fiel guardiã, até hoje.

Luiz, poucos meses mais novo que Ondina, era jovem demais para o casamento, para a paternidade, para a vida doméstica. Sua vocação profissional, seu desejo de ascensão socioeconômica, sua disfarçada insegurança e sua ostentada competência consumiam-lhe quase toda a energia libidinal. Pouco sobrava para a família.

Meus ascendentes paternos eram originários do sul da Itália, Nápoles e região. Tinham simpatias e filiações mafiosas. A família de minha mãe vinha do norte, Piemonte e Veneto. Eram, na maioria, ligados às artes. Meu avô Piero, era maestro de uma banda em cidade do interior de São Paulo. Até hoje me lembro de uma frase que este querido homem dizia quando me acordava: "Su, Rico, su! Andate via!"

(Levanta Ricardo, vai para a rua). E eu ia. E esta é minha abreviada genealogia.

Primeiro foi a casa perto da fábrica, da qual tenho poucas lembranças. Uma ainda está viva em minha memória: era Natal, tios e primos ceiavam conosco. Pouco antes da abertura dos presentes, nós, as crianças, subimos para a parte superior da casa, dando liberdade a Papai Noel. Eu havia solicitado um cavalo "igualzinho ao de verdade". Estava ansiosíssimo e, quando desci, procurava, sem encontrar, um pacote maior que eu. Meus primos rasgavam embrulhos e eu perambulava pela sala, já com lágrimas nos olhos.

Finalmente me entregaram um cavalinho de pau, que a prantos desfraldados, rejeitei.

Hoje, além de psicoterapeuta, sou criador de cavalos.

> Pequenino, pedi cavalo.
> Ganhei de pau.
> Já grande, doutor estudado.
> Vivido o bem e o mau.
> Voltei para a infância.
> Comprei estância,
> bota, espora, chicote.
> Um baio e um garrote.

Quando eu tinha sete anos, mudamo-nos para a Alameda Rio Claro, travessa da Avenida Paulista. Uma casa grande, com três andares, cheia de cômodos, quintal espaçoso, paredes externas cobertas, do chão ao teto, por uma hera escura, que me fascinava. Sentia estar morando em clareira, no meio da floresta. Numa reforma, meus pais, ladrilharam todo o quintal, arrancaram a hera dizendo que ela causava infiltrações nas paredes. Nunca mais foi a mesma para mim. Ao lado da sala de visitas havia o escritório que se comunicava com um terraço. Estantes de grossas madeiras escuras ocupavam todas as suas paredes. Nelas havia centenas de livros antigos de Medicina, encapados em couro, deixados ali pelo antigo proprietário. Encantaram minha vista por alguns anos, até serem doados à biblioteca do Hospital Matarazzo, vizinho do outro lado da rua. Devo ter sido contaminado pelos germes mágicos da Medicina e da Literatura nesta época da minha vida. Morei ali até os 13, 14 anos. Penso que este período marcou o início de uma inquietude incontida e de uma curiosidade agitada, atenuadas na meia-idade, mas fiéis companheiras até hoje. Futebol, carrinho de rolimã, pião e papagaio. Invasões sorrateiras aos pátios internos do hospital, os doentes tomando sol, o necrotério assustador. As brigas de turma. O Colégio Dante Alighieri; o Parque Trianon; matar aula; namorar babás; conversar com aposentados, putas e mendigos; o corpo da suicida que encontrei numa vereda, tendo ao lado garrafinha de Coca-Cola e lata de formicida. A Rua Augusta, os cinemas, a primeira moto, os namoricos, os amigos do peito... tudo isto e muito mais nestes tempos juvenis.

Valéria casou-se, com grande festa, nesta casa. É minha última lembrança da Alameda Rio Claro. A casa foi vendida e mudamo-nos para um apartamento espaçoso, na Rua do Paraíso. De suas janelas podia ver toda a Avenida Paulista, continuava perto dela. Com esta paisagem saí da adolescência e tornei-me adulto. Lá vivi 12 intensivos anos. Era uma tal diversidade de experiências, vividas simultaneamente, que me faltaria o fôlego enumerá-las. Os grandes e eternos amigos. A primeira amante, tão mais velha que eu, conquistada pelo desejo e pela necessidade de afirmação junto ao novo grupo de companheiros. A iniciação da vida noturna, os bares, a música, o centro da cidade, outras gentes descobertas, as luzes do fim de noite que me instigavam. "Quem e como vivem as pessoas que moram no trigésimo andar daquele arranha-céu?" As leituras febris e desordenadas. A escultura. As viagens, as festas, os grandes porres. As paixões avassaladoras que deixaram queridas marcas. A indecisão profissional, sanada numa consulta vocacional com um psiquegonomista (?). Um sujeito esquisito, que teria estudado na Hungria as alterações que a personalidade imprime na musculatura da face. Depois de me desqualificar como um bom ser humano, que julgava ser, afirmou, de forma peremptória, que deveria seguir Medicina, mais para servi-la do que servir-me dela. Segui à risca o que me ordenou, só que creio ter invertido o sentido de sua frase. O fato é que depois desta consulta, descobri o gosto pelos estudos, recuperei meus atrasos escolares, fiz cursinho e entrei na Faculdade de Ciências Médicas da Santa Casa de São Paulo.

Seis anos sob suas ogivas medievais. De jaleco ou roupas brancas, caminhei seus corredores ocres, em meio aos doentes indigentes, com projetos e esperanças cativos na mente. Eu e mais 99 colegas da quarta turma desta faculdade, tivemos nossas vidas transformadas nestes tempos em que juvenis testosteronas embebiam todos os nossos tegumentos, em que éramos mais inteligentes e menos sábios, em que tínhamos menos medo das paixões. Já no primeiro ano, havia escolhido Psiquiatria como especialidade futura. Os sentimentos arrebatados, a loucura e o sofrimento emocional me fascinavam.

No segundo semestre deste ano inaugural, conheci um psiquiatra baiano, Nelson Pires, que havia aberto uma clínica na avenida Angélica, perto da faculdade. Era um homem brilhante, que se mudou para São Paulo, fugindo de Salvador, por problemas políticos com a ditadura militar, enquanto Reitor da Universidade da Bahia. Convidou-me para freqüentar sua clínica, como estagiário, com uma pequena remuneração. Um convite irrecusável, desejado e também assustador. Era um tempo de eletrochoques, camisas-de-força, choques insulínicos, práticas dramáticas para meus olhos inexperientes. Acompanhei o trabalho do Dr. Nelson por mais ou menos seis meses, até que uma noite me convocou para uma reunião. Partia para o Chile, auto-exilando-se, pois soubera que seria preso, a qualquer momento, para responder a Inquérito Policial Militar. Fechava a clínica psiquiátrica e mantinha em funcionamento uma Casa de Repouso para idosos e me pedia para dar assistência médica aos velhinhos. Deveria ir até lá, uma vez por semana, medir a pressão dos pacientes, supervisionar as medicações receitadas e chamar médicos formados em caso de necessidades intercorrentes. Novamente aceitei, grato, envaidecido e assustado.

Este novo trabalho, logo de início, exigiu mais que uma visita semanal. As enfermeiras não eram enfermeiras, eram domésticas promovidas à nova condição para barateamento de custo da Casa. Passei a dar aulas de enfermagem para elas. Além de "médico", agora era "professor". Os hóspedes, pessoas de idade, alguns doentes, estavam ali por terem se tornado fardo indesejável às suas famílias. Eu era visto como um jovem médico que lhes prestava assistência. Pouco a pouco, fui me tornando o filho atencioso e devotado que necessitavam. Passava horas sentado em seus quartos ouvindo histórias antigas. Minhas visitas tornaram-se diárias e não semanais. Meu envolvimento era total.

Um dia, dois rapazes, vestidos de terno e gravata, portando pastas "James Bond" em suas mãos, solicitaram à administradora uma entrevista com o "médico" da clínica. Queriam a minha autorização para vender aos meus "pacientes" campas de um novo cemitério, a preços promocionais. Tão rápido quanto entraram, foram saídos. Este episódio iluminou meu inadequado comprometimento com tudo aquilo. Era jovem e imaturo demais para suportar as demandas emocionais inerentes a este tipo de trabalho.

Com muita dor, despedi-me de todos, deixando em meu lugar uma pessoa mais indicada. Minha carreira na Psiquiatria encerrou-se ali, antes mesmo de haver começado.

Diziam as tias antigas que as feridas de amor cicatrizam, quando um novo amor floresce. No segundo ano, na cadeira de Fisiologia, entrei em contato, pela primeira vez, com o sistema endócrino. Nova paixão... os humores, os hormônios, o meio interno. As glândulas interagidas, como um "móbile". Uma haste tocada e todas as outras ganhavam nova configuração espacial. A distância, estas maestras normatizavam ou desarranjavam as funções vitais de todos os órgãos. Esta música me encantou e por muitos anos, liricamente, dediquei-me a ela.

No quinto ano, três meses na Europa, despedindo-me da vida de solteiro. Na volta, o casamento. Depois a formatura. A residência em Clínica Médica e Endocrinologia, no Hospital do Servidor Público do Estado de São Paulo, na época muito bem aparelhado, humana e cientificamente. Daí os filhos – Frederico, Felipe e Fabrício. Escola de difícil graduação no ofício de ser pai. O consultório. A sedimentação de uma clínica bem-sucedida. A rápida pós-graduação em Londres, onde estagiei em vários hospitais, entre eles, a Tavistok Clinic, berço da IPA. O contato com os grupos Balint; o rebote da psi.

Quando retornei ao Brasil, percebi que minha numerosa clientela se devia mais a uma natural capacidade sedutora e ao exercício selvagem da psicoterapia, do que aos meus bem-fundamentados conhecimentos metabológicos. Comecei então a formar grupos de diabéticos e obesos, com objetivo semididático e semiterapêutico. Entendia que, se as expressões somáticas eram semelhantes, os conflitos emocionais deveriam ser equivalentes. Ledo engano, gordos e açucarados têm em comum seus fenótipos, suas bioquímicas, mas suas angústias são polimorfas e portanto pedem compreensões específicas e não pluralizadas. Da selvageria à ciência foi um pulo. Tinha que estudar mais. Tinha que abdicar. Fui aprender psicoterapia analítica de grupo, fui descobrir a psicanálise, fui fazer minhas análises, fui me tornar psicanalista! No começo mantive as duas clínicas, mas, pouco a pouco, a função psicoterápica foi ocupando maior espaço, até tomá-lo todo. Quinze anos decorridos entre a expulsão dos vendedores de sepulturas e o retorno aos começos. Cinqüenta anos desde o começo até este livro que tem amor em toda a sua execução e esperança em todas as suas entrelinhas.

"Quando nasci, embarquei num trem mambembe, com máquina, vagão de cargas e outro pequeno para passageiros. Já na meninice, dispensei os maquinistas. Por algum tempo foram passageiros, depois nem isto. Desde então venho parando em estações, convoco atores locais, monto espetáculo. Uns são sucesso, outros, reluzentes fracassos. Depois da temporada, de tempo sempre inconstante, independente de êxito ou malogro, fecho as cortinas, carrego pequenas peças do cenário, embarco um ou outro coadjuvante mais aventureiro, deixo amores e ódios, parto para outras estações, sempre pré-habitadas por minhas fantasias. O tempo de viagem interestações é muito variável. Às vezes, um longo e enfadonho percurso, outras, a paisagem entretem e faz o trajeto rápido e interessante, apagando, temporariamente, o desejo de uma nova parada. Mas, ela sempre ocorre.

O vagão de passageiros, ora está cheio, ora completamente vazio. Há aqueles que aí permanecem por longo tempo, outros desembarcam antes da hora, outros, em geral aqueles que pegaram o trem errado, insistem em permanecer além do tempo.

Com cinqüenta anos, o vagão de cargas abarrotado de tralhas a serem herdadas, mil estações-espetáculos, vividos-encenados, mil co-atores amados-odiados-esquecidos-lembrados... quantas estações ainda, antes da última, em que, finalmente, farei exibição solo?"

SOBRE O LIVRO

Coleção: Prismas
Formato: 12 x 21 cm
Mancha: 26,5 x 43 paicas
Tipologia: Garamond 11/14
Papel: Polén 80 g/m² (miolo)
Cartão Supremo 250 g/m² (capa)
Matriz: Laserfilm
Impressão: Parma
Tiragem: 2.000
1ª edição: 1997

EQUIPE DE REALIZAÇÃO

Produção Gráfica
Edson Francisco dos Santos (Assistente)

Edição de Texto
Fábio Gonçalves (Assistente Editorial)
Ada Santos Seles (Preparação de Original)
Patrícia M. Silva de Assis e
Luicy Caetano de Oliveira (Revisão)

Editoração Eletrônica
Lourdes Guacira da Silva Simonelli (Supervisão)
Edmilson Gonçalves (Diagramação)

Projeto Visual
Lourdes Guacira da Silva Simonelli

Capa
Christof Gunkel